Komori Akira
小森 晶

トレーダーは知っている
オプション取引で損をしない「法則」

株式会社きんざい

はじめに

　デリバティブはむずかしい、そのなかでもオプション取引はよくわからないからしない、という話をよく聞きます。デリバティブ自体はリスクを移転させるツールであって、問題はその使い方にあります。正しく理解して使えば、リスクを減少させ本業に集中できる、これがデリバティブ本来の姿だと思います。

　この本では、まずオプションの概要を理解し、その後、シミュレーションを通じてオプション取引の疑似体験をします。オプション取引を感覚として身につけた後は、理論的理解を深めます。

　この順番は、ちょうど筆者が外資系証券会社でオプション取引を始めたときの順番と同じです。当時の日本では、まだオプションマーケットは始まったばかりで、今のように整然とした理論もなく、混沌としていました。実際のトレーディングでは、いろいろな事象が起こり、ある場面では大きな損失を抱えたり、またヘッジ不可能な状況に陥ったりしたこともありました。そのたびにオプション取引に関しての理解が深まってきたと思います。理論だけに偏るのではなく、取引の感覚も加えることで全体像が見えるのではないでしょうか。

　最終的には、オプションの一般的な公式であるブラックショールズを超え、金融機関では一般的となっているストキャスティックボラティリティモデルの代表であるセーバー（SABR）モデルの解説をしています。その理論自体や公式はかなり複雑な形をしていますが、実際に使ってみれば実は単純なものであることがわかります。トレーディングという瞬間的な判断を要する業務のなかで、複雑なものを用いるのは無理だからだと思います。

　いったん、こうした理論を理解すれば、オプション取引はむずかしいものだという感覚はなくなり、必要に応じて使うことができるようになると思い

ます。そして最終的に読者の皆さんは、オプションのリスクはすべて数値化できるので、その管理はむしろ簡単であるということに気づき、もっと複雑でリスクの数値化がむずかしいものに対しても、積極的に取引ができるようになるのではないでしょうか。

2014年9月

トレーダー　小森晶

目　次

第1章 準備編

1　為替マーケット ……………………………………………………………… *2*

2　先物マーケット ……………………………………………………………… *3*
　（1）日経平均先物マーケット　*3*
　（2）農産品先物マーケット　*7*
　（3）先物取引方法　*10*

3　金利スワップ ………………………………………………………………… *14*
　（1）スワップ契約　*14*
　（2）金利スワップマーケット　*15*

第2章 オプション基礎編

1　インプライドボラティリティの重要性 ………………………………… *22*

2　オプションとは ……………………………………………………………… *23*
　（1）さまざまなオプション　*23*
　（2）コールとプット　*32*
　（3）オプションの状態　*33*

3　オプション価格の計算 …………………………………………………… *33*
　（1）イントリンシックバリューとタイムバリュー　*34*
　（2）プットコールパリティ　*36*

(3) オプション価格の要素　　41
　　　(4) インプライドボラティリティとは　　46
　　　(5) エクセルを用いたオプション価格の計算（Excel_AL参照）　　53
　　　(6) エクセルを用いたオプション価格の計算2　　62

4　オプション価格の変化 ·· 64
　　　(1) グリークス（Excel_AL参照）　　64
　　　(2) ストラテジー取引　　77
　　　(3) グリークスの応用　　79
　　　(4) PLの計算方法　　84

5　オプション価格の管理 ·· 88
　　　(1) シナリオ分析（Excel_AL参照）　　88
　　　(2) ポートフォリオ管理　　91
　　　(3) ボラティリティスマイル　　92
　　　(4) ボラティリティマトリックス　　99

第3章　トレーディングシミュレーション

1　初期設定 ·· 106

2　エクセル画面の説明 ·· 108

3　実践シナリオ ·· 115
　　　(1) 取引戦略　　115
　　　(2) プットコールパリティ　　117
　　　(3) マーケットクローズ　　118
　　　(4) シナリオ2日目　リスク分析　　121
　　　(5) デルタヘッジ用ボタン　　125

(6)　5月23日　*126*
　　　(7)　PLチェック　*126*
　　　(8)　シナリオ1最終日　*128*
　　　(9)　その他　*128*

4　シカゴコーンオプション ……………………………………………… *129*
　　　(1)　シナリオ1　*129*
　　　(2)　先物値幅制限とシンセティックフューチャー　*130*
　　　(3)　シナリオ2　*132*

第4章　オプション理論　ブラックショールズ

1　ブラックショールズ ……………………………………………………… *134*
　　　(1)　確定モデル　*134*
　　　(2)　乱数モデル1（Excel_MC参照）　*136*
　　　(3)　乱数モデル2（Excel_MC参照）　*139*

2　モンテカルロシミュレーション（Excel_MC参照）……………… *142*

3　期待上昇率 ………………………………………………………………… *144*
　　　(1)　［モデルc］の一般化　*144*
　　　(2)　期待上昇率と短期金利　*145*
　　　(3)　先物オプション再計算（Excel_MC参照）　*146*
　　　(4)　さまざまな派生商品への応用　*147*

4　アベレージオプション ……………………………………………… *147*
　　　(1)　レートアベレージ　*147*
　　　(2)　ストライクアベレージ　*148*

(3)　デイリーオプション　　*148*
　　(4)　アベレージオプションの計算（Excel_MC参照）　　*149*

5　アメリカンオプションとツリーモデル（Excel_MC参照）　　*150*

6　引数Dividendについて　　*153*
　　(1)　引数Dividendの再考　　*153*
　　(2)　為替マーケットの実際　　*158*

第5章　オプション理論 SABR モデル

1　ノーマルボラティリティ　　*162*

2　中間モデル　　*164*

3　SABR（セーバー）モデル　　*166*
　　(1)　SABRモデルとは　　*166*
　　(2)　相関係数 ρ　　*167*
　　(3)　ボルオブボル ν　　*169*
　　(4)　ヒストリカル ρ と ν の計算　　*170*
　　(5)　SABRモデルでの計算　　*170*
　　(6)　SABR近似公式　　*171*
　　(7)　ν と各行使価格のボラティリティの関係　　*172*
　　(8)　ウイングオプションと ν　　*173*
　　(9)　ウイングオプションと ρ　　*175*
　　(10)　a の計算について　　*176*
　　(11)　β について　　*177*
　　(12)　マーケットキャリブレーション　　*179*

第6章 オプショントレーディングとは

1 オプションフロートレーディング ……………………………………… 182
  (1) スワプションマーケット　*182*
  (2) 先物オプションマーケット　*183*
  (3) 対顧客オプション取引　*185*
  (4) 顧 客 層　*189*

2 ストラクチャードプロダクツ ………………………………………… 192
  (1) 自動解約付オプション　*192*
  (2) 円建てオプション　*196*
  (3) 仕組み債　*200*

3 スマイルカーブの変化 ………………………………………………… 204
  (1) 為　替　*204*
  (2) 農 産 品　*205*
  (3) 金　利　*211*

4 その他のオプショントレーディング ………………………………… 212
  (1) ライトオフ戦略　*212*
  (2) 電子取引におけるオプショントレーディングの工夫　*215*
  (3) アルゴリズムトレード　*219*
  (4) オプション行使リスク　*222*
  (5) オプションプレミアムトレード　*225*

［本書を読まれる前に］
・本書および本書の購入者のために筆者が作成したExcelのプログラム（購入者特典）は、本書で説明した内容の理解を助けるためのものであり、実務に直接利用することは避けてください。万一、実際の取引に利用し、そのために損失を被ったとしても、筆者および筆者の所属する組織はいっさい責任を負いません。ご了承ください。
・Excelのプログラム（購入者特典）は、筆者が作成したものであり、本プログラムの著作権は筆者に帰属します。なお、本プログラムは本書の購入者に限って使用を許可するものであり、本プログラム内容の一部または全部を、筆者の許可なく複製・頒布することを禁じます。
・後日、本書の記述内容およびExcelのプログラム（購入者特典）に誤りが発見された場合は、「正誤表」を以下のウェブ・ページに適宜アップいたします。
「正誤表」
http://www.kinzai.jp/books/reader/seigo.html

［購入者特典プログラム］
・本書の購入者に限り、以下のウェブ・ページから、筆者が作成したExcelのプログラム（購入者特典）をダウンロードすることができます。
「購入者特典」
http://www.kinzai.jp/books/reader/tokuten.html
パスワード33556880
・購入者特典のExcelのプログラムに誤りが発見された場合は、前記「正誤表」にその旨を記載するとともに修正プログラムを購入者特典のウェブ・ページに再度アップいたします。
※Excelのプログラム（購入者特典）は、2003、2007、2010、2013版で、動作確認をしています。

［商標］
Excelは米国Microsoft社の登録商標です。

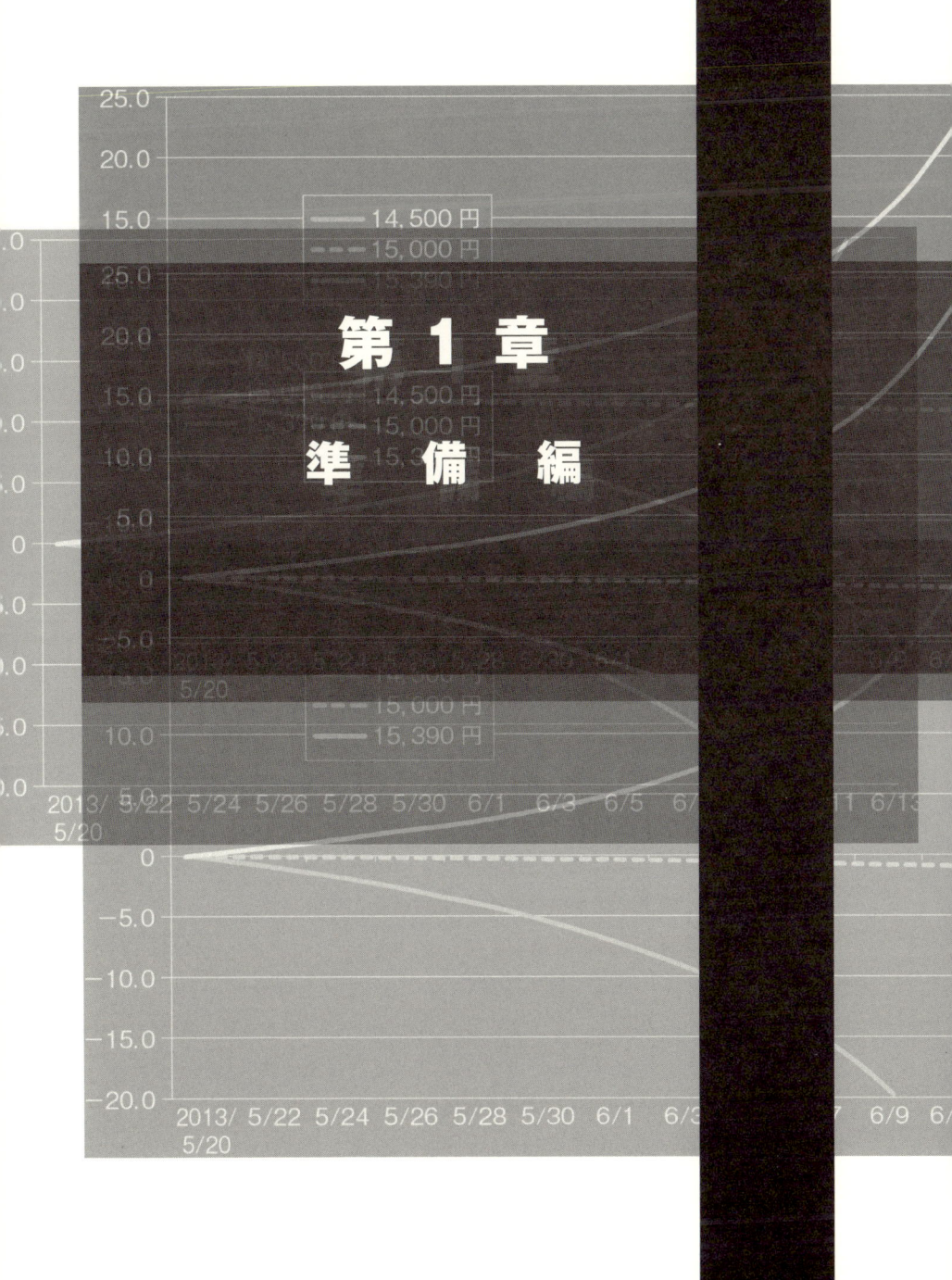

第 1 章
準 備 編

オプショントレーディング（取引）において、最も肝要な点は、そのオプションが対象とする原資産についての理解を深めることである。筆者の経験では周辺の人から、オプショントレーダーは原資産もトレードするのか、というような質問を受けたことがあるが、オプショントレーディングでは、トレーダーはまず原資産について十分な知識、マーケットセンスを身につけておく必要がある。

原資産で主なものは為替、株式、債券、商品などである。為替オプションをトレードするには為替取引そのものについて十分な理解がないと取引することはむずかしいし、株式オプションであれば、個別銘柄のマーケットに明るくなければならない。

1 為替マーケット

ドル円の為替取引を行った場合、ドルと円の交換が行われるが、その日を決済日、Settlement Dateなどと呼ぶ。通常の為替取引はスポット取引と呼ばれ、決済日は取引日から2東京・ニューヨーク営業日後になっている。スポット取引以外ではフォワード取引と呼ばれるものがあり、これらは決済日が1カ月、3カ月先などに到来する取引である。また、決済日が取引日の当日、翌日などスポット取引よりも前に到来する取引もある。

為替マーケットでは将来の日付で決済する必要がある参加者も多い。たとえば輸出入などの実需や金融機関の資金調達などでは、特定の日にドルの手当てを行う必要があるからである。このように、同じドル円の取引でも決済日によってニーズの強さは異なるので、期間ごとのフォワードマーケットが存在する。ただし為替マーケットでは、スポット取引がメインであり、フォワードマーケットは付随的なマーケットである。為替関連のトレーダーは、たとえばスポット以外の決済日の為替取引のリスクがなんらかの理由で発生しても、まず第一にスポットマーケットでおおまかなヘッジを行い、あらた

めて当該決済日のフォワードマーケットにおいて再ヘッジを行う。

　ドル円のマーケットは一つではなく、同じ時間でもいくつも存在している。仲介業者が音声で仲介しているマーケット、ロイターやEBSが提供している電子ブローキングのマーケット、銀行が直接他の銀行に価格を提示し取引を成立させる直接マーケット、などである。これらのマーケットでは取引の金額が100万ドル以上であり、参加者は銀行などの大口取引を頻繁に行うものに限定されている。

2 先物マーケット

(1) 日経平均先物マーケット

　日経平均株価指数とは、個別株式225銘柄の15秒ごとに更新される修正平均値から計算される指数である。これらの銘柄を売買することでこの指数そのものを取引したのと同じような効果を得ることはできる。しかし、225銘柄すべてを売買するには、個別株の最低取引単位を考えると、非常に大きな金額が必要になったり、頻繁に売買する場合にはその取引コストや手間などもかかったりするため、日経平均株価指数の再現はむずかしい。

　日経平均先物という一種のデリバティブを用いると日経平均株価指数を取引するのと同じような効果が得られる。日経平均株価指数が今後上昇すると見込まれるときは、日経平均先物を買うだけでよい。将来予想どおりに株価が上昇していれば利益を得ることができ、利益の確定も先物を売却するだけで行える。

　先物は取引所で管理されており、取引をする場合には原則、取引所が相手方になる。すべての注文は取引所に集まるので、マーケットの動きの透明性は高い。

　以下、日経平均先物について具体的な取引事例をあげ、どのような契約な

図表1-1　日経平均先物取引事例

❶取引相手	大阪取引所
❷先物対象	日経平均株価指数
❸価格	15,000円
❹満期日	3月第2金曜日
❺売買の種類	買い
❻1契約の数量	1,000倍
❼契約数量	15ロット
❽先物清算方法	差金決済

のか考えてみる。

❶　取引相手

　この取引事例では取引相手は大阪取引所になる。シカゴ取引所、シンガポール取引所にも日経平均先物は上場しているが、1契約の数量が500倍と契約の内容が若干異なる。

❷　先物対象

　先物は派生商品の一種であるので、その対象となるものがある。この事例では先物の対象は日経平均株価指数である。日経平均株価指数は、個別銘柄の株価の平均値であり抽象的なものであるので、直接取引することは困難であるが、それを対象とする先物は取引が容易である。

　現在では、さまざまなものの先物が上場している。直接取引するのがむずかしいものでも、先物をつくることによって売買可能になり、リスク回避の手段として有効に使うことができる。シカゴ取引所に上場している農産品先物などはよい例である。農産品はその現物を売買するには保管するための倉庫が必要であったり、運搬するには大型のトラックやバージ（はしけ）などが必要となったりして、一般の人が取引をすることはできない。しかし、その派生商品である先物であれば一般の人でも容易に取引が可能になる。

❸ 価　　格

先物取引が成立した価格である。

❹ 満　期　日

満期日とは先物取引を清算する日である。また、先物の満期日に該当する月を限月という。この取引事例のように満期日が3月中にある先物ならば3月限（3月ぎり）先物と呼ばれる。

限月にはそれぞれ記号が対応している。2013年の3月限の先物ならば、図表1-2にあるように3月の記号Hと年限と合わせてH3と表記されることが多い。

日経平均先物では6月、9月、12月など、他の満期日の先物も上場しており、その月の第二金曜日が満期日になっている。取引所は1年分の先物以外にも、さらに先の限月も用意しているので、取引できる限月の種類は数十種類になる。ただ多くの参加者は満期が短い月限を中心に取引し、1年先の限月では取引は閑散としていることが多い。これとは逆に日本の商品先物など

図表1-2　先物限月対応表

F	1月
G	2月
H	3月
J	4月
K	5月
M	6月
N	7月
Q	8月
U	9月
V	10月
X	11月
Z	12月

は1年先の限月に取引が集中している。取引されている月限のなかで最も短い満期の月限は期近、それ以外は期先と呼ばれている。

❺ 売買の種類

この取引事例では買いであるが、買いの契約をもっている状態をロング、ロングポジションと呼ぶ。また先物取引ではロングポジションがない状態でも売りの契約を行うことができる。この状態をショートポジションと呼ぶ。

❻・❼ 1契約の数量と契約数量

1契約の数量は、日経平均株価指数の1,000倍である。先物契約が価格15,000円で成立した場合、契約金額はその1,000倍の15,000,000円分に相当する。一つの先物契約を1ロット（1枚）と呼ぶ。先物契約は一つだけでなくいくつも取引できる。この例では、価格15,000円で15ロットの契約であるので合計金額は225,000,000円分である。

❽ 先物清算方法

満期日における先物清算方法は、差金決済と現物決済の2種類ある。日経平均先物の場合は、現物に対応するものがないので差金清算となる。差金清算とは、先物取引した価格と満期日に取引所が発表する清算価格との差額を取引所とやりとりする方法である。この取引事例では、取引所が清算価格を20,000円と発表した場合、ロングポジションであるので❻・❼で計算した金額225,000,000円の支払いとなる。一方で受取りは、清算価格20,000円を1,000倍しさらに15ロット分を掛けて300,000,000円となる。実際には、この金額の差額である75,000,000円を受け取る。

このような計算は金額が大きくなり、間違えやすいので実際の取引では1ポイントと1ポイントバリューという概念を用いて計算を簡単にする。1ポイントは先物価格の呼値の1であり、1ポイントバリューは先物価格の1ポイント分の価値である。

先物の差金を考えるとき、何ポイント利益（損失）かを計算し、それに1ポイントバリューを掛け、さらにロット数を掛けるという計算方法が簡単で

図表1-3　先物1ポイントバリュー

先物名	1ロットの単位	1ティック	1ポイント	1ポイントバリュー
コーン先物	5,000ブッシェル	0.25セント	1セント	50ドル
ユーロ円金利先物	1億円	0.5ベーシスポイント	1パーセント	25万円
日本国債先物	1億円	1銭	1円	100万円
LMEカッパー	25トン	0.25セント	1ドル	25ドル

ある。

　大証日経先物では1ポイントは1円で、1ロットは1,000倍なので1ポイントバリューは1,000円である。この例では、15,000円から20,000円まで5,000円、すなわち5,000ポイントの利益に1ポイントバリュー1,000を掛け15ロットを掛けると75,000,000円を得る。

　満期日の先物の清算方法は、現物清算か差金清算のどちらかであるが、満期日以前であれば、通常の先物の場合、差金清算することができる。これは、先物を買っていた場合は同数料の売りをマーケットで行い、売買を相殺させることによって行う。もちろん先物を売っていた場合は、買い戻し相殺させればよい。先物取引参加者の大半は、売買を相殺させることによって清算している。

(2) 農産品先物マーケット

　米国にあるシカゴ取引所（CBOT）には、コーン、大豆、小麦などグレインと呼ばれる農産品を対象にした先物が上場している。また、同じく米国のICE取引所では粗糖やコーヒー、ココア、綿花、オレンジジュースなどソフトと呼ばれる農産品先物が取引されている。農家、流通業者、農産品輸入国の加工メーカー、ファンド、機関投資家、個人投資家、と非常に幅広い層がこうした先物をヘッジや投資として使用している。さらに、ブラジル、アル

ゼンチンなどの農産品生産者やその流通業者も、売買に関してはCBOTやICE取引所の農産品先物を指標として用いている。また、農産品の輸入大国である中国も、輸入価格をこれらの取引所の先物価格を用いて決定している。そのため米国の農産品マーケットには、米国のみならず他の農業国や消費国の人々も参加している。

以下、コーン先物の例をあげる。

図表1－4　コーン先物取引事例

①取引相手	シカゴ取引所
②先物対象	米国産とうもろこし（黄色）
③価格	450セント
④満期日	3月15日
⑤現物受渡告知初日	2月27日
⑥売買の種類	買い
⑦1契約の数量	5,000ブッシェル
⑧契約数量	15ロット
⑨先物清算方法	現物決済

コーン先物の1ロットの単位は5,000ブッシェルであり、ブッシェルという単位は桶1杯分という意味である。コーンの場合、1ブッシェルは約25.4キログラムとなり、1ロットは約125トンになる。なお、ブッシェルはもともとは体積の単位なので大豆の1ブッシェルは27.2キログラムと換算され、コーンとは異なる。2013年現在、1ブッシェルの価格は約500セント、1ティックが4分の1セント、また1ポイントは1セントになる。

a　先物清算方法

日経平均先物との大きな違いは、先物の清算方法が現物決済であるということである。現物決済のためコーン先物の満期日は、基本的にその限月の15

日になっているが、それに加えて、満期日の約15日前から受渡告知期間というものが設定されている。この期間中に先物の売り手は現物を受け渡すことを取引所に通知することができる。現物受渡告知初日とはその期間の初日のことである。取引所は売り手からの通知がくると、今度は先物の買い手へ、買った日付順に現物の受渡しを通知していく。

そこで通知を受けた買い手は取引所が指定しているシカゴ近辺の倉庫へ現物を引取りにいくことになる。コーン先物では満期日の２営業日後まで現物を受け渡すことと定められている。

このように先物を買っている人は受渡告知初日以降、取引所から受渡しの告知をされる可能性がある。告知を受けた場合現物であるコーンを引取りに行かなければならないが、通常の先物ユーザーは現物を取り扱うことはできないので、受渡告知を受けることは避けなければならない。したがって、現物受渡告知初日は、満期日よりも非常に重要な日であり、大多数のマーケット参加者は告知初日前に先物のポジションを相殺し清算する。なお実際に告知を受け現物が渡された場合は、次の限月の先物を売り、その満期日がくるまで倉庫料などを支払い受け渡す方法もある。

b　限　月

コーン先物で上場している限月は10数個あり、１〜２年先まで流動性はある。そのうち最もアクティブに取引されているのは期近限月である。限月の種類は３月、５月、７月、９月、12月の５限月であり、日経平均先物の限月である３、６、９、12月と比較するとややイレギュラーな限月である。コーンは大豆と作付け可能な土地が重複しているので、作付け前の３月は、農家がコーンと大豆の作付比率をどれだけにするのかというテーマでマーケットが動くことが多い。３月の末に農務省から作付けの意向調査の結果が発表されマーケットは一段落する。５月は実際の作付けが行われている時期であり、マーケットは天候に非常にセンシティブになる。雨が多い年は作付けが

遅れがちになり、マーケットは上昇しやすい地合いになる。7月はコーンの生育にとって最も重要な受粉の時期でここでも天候が大きなテーマになる。そして、9月に収穫が始まり12月には米国全土でのその年の収穫高が確定する。このようにコーンにとって重要な時期に相当する限月が上場している。

12月限の先物には、その年の9月以降に新しく収穫したコーンの現物を引き渡すことができるので不足の心配はない。一方、7月限の先物には前年に収穫したコーンしか渡すことができないので、コーンが不作の年は7月限に引き渡すコーンが不足するという事態が起こる。このことから7月限の先物と12月限の先物の値動きがまったく異なることが多く、これらの限月の売り買いを組み合わせて行うスプレッド取引も活発に行われている。このスプレッドは旧穀新穀スプレッドとも呼ばれている。

c 用 途

農産品先物は実需のなかに組み込まれて使用されている。まずコーンを生産している農家は、収穫を終えるとそれを流通業者へ売る。このとき流通業者は、コーンの価格変動リスクをヘッジするためにCBOTコーン先物を売る。その流通業者が加工メーカーや輸入国へ売る場合、CBOTコーン先物価格＋プレミアム（手間賃、輸送費など）というかたちで売り渡す。このときのCBOTコーン先物価格は、実際に輸出港にコーンを運ぶための船が到着した時点での先物価格を採用する。この流通業者はそのタイミングで先物を買い戻すことで、価格変動リスクを完全に回避し、プレミアム部分を利益として取り込むことができる。

(3) 先物取引方法

a フロア取引

先物や先物オプションの取引では、主にフロア取引と電子取引の2種類がある。フロア取引とは、取引所のなかにブローカーやトレーダーが集まり、

そこで買いたい人、売りたい人が実際に声を出して取引を成立させる取引である。電子取引が普及し、日本の取引所ではフロア取引はすでに廃止されているが、シカゴ取引所ではまだ取引が行われている。

　取引の流れとして、先物やオプションのユーザーはまずフロアにいるブローカーに取引したい内容を伝え、彼らに相手を見つけてもらう。取引が成立次第、そのブローカーはフロアの中心にいる取引所の職員に取引内容を伝える。それによって取引所はその取引を記録し、一般の人々に向けて取引情報を発信する。ほとんどのコミュニケーションが人の手を介して行われるので、発注から約定、その連絡までは数分単位になることもある。また、取引情報もすべてのユーザーに同時には伝わらない。

b　電子取引

　電子取引ではシステムを使い、先物とそのオプションのユーザーが直接発注する仕組みである。電子取引では板と呼ばれるものがあり、図表1-5のようになっている。

図表1-5　日経先物の板

DEC12 Nikkei		
1251	16000	
10	15990	
33	15980	
22	15970	
18	15960	
	15950	2
	15940	52
	15930	51
	15920	22

中央の列の数字が価格を表している。大証日経平均先物の場合は、10円刻みになっている。中央の列を挟んで右が買い、左が売りである。15,950円の列の右の2という数字は2ロット15,950円で買いたいという人がいる。すなわち、15,950円で2ロットの買い気配ということである。同じ人が2ロットのオーダーを注文しているか、または別の人がそれぞれ1ロット買いたいということを取引所に伝えている状態である。一方、15,960円の段の左側の18は15,960円で18ロット売りたいという人がいるということである。

この状態でもし15,950で1ロット売りたいと取引所に伝えれば取引が成立し、板は、図表1－6のようになる。

図表1－6　1ロット成立後の板

DEC12 Nikkei		
1251	16000	
10	15990	
33	15980	
22	15970	
18	15960	
	15950	1
	15940	52
	15930	51
	15920	22

また、15,960円でだれかが18ロット買いたいと取引所に伝えれば、今度は15,960円の列は空欄になり、図表1－7のようになる。

板にみえている買い注文、売り注文は、取引成立前であればキャンセルすることができる。そのため図表1－7のように16,000円にまとまった数量の売り注文がみえている場合でも一気にキャンセルされ、図表1－8のようになることもある。マーケット参加者のなかには異なるマーケット間でのスプ

図表1−7　18ロット成立後の板

DEC12 Nikkei		
1251	16000	
10	15990	
33	15980	
22	15970	
	15960	
	15950	1
	15940	52
	15930	51
	15920	22

図表1−8　16,000円売りのキャンセル後の板

DEC12 Nikkei		
11	16000	
10	15990	
33	15980	
22	15970	
	15960	
	15950	1
	15940	52
	15930	51
	15920	22

レッド取引などを行っている人もいるので、たとえば他のマーケットで値動きがあり日経先物を16,000円で売ることでは採算が合わなくなりキャンセルということもありうる。逆に、まとまった数量の取引を行う場合、板に全数量を出すのではなく、後述するアルゴリズムトレードなどを活用し数ロット

ずつ約定していく取引方法もある。このように板にみえている注文の数量をみても、その情報がそのままマーケットの動向の手がかりになるとは限らないのである。

c　カレンダースプレッド取引

　先物取引ではカレンダースプレッド取引と呼ばれる、異なる限月の先物の売りと買いの組合せの取引がある。限月の異なるもの同士のスプレッドであるので、さまざまな組合せがあるが、農産品先物で述べた7月限月と12月限月の旧穀新穀スプレッドなどは非常に注目されるスプレッドである。

　また、日経平均先物では先物のポジションを保有し続けたい場合、期近の限月が満期になり清算される前に次の限月へ乗り換えるという取引ニーズがしばしばある。これは、たとえば3月限月をロングしていた場合、満期前に3月限月を売り同時に次の6月限月を買うという取引を行うことである。これらの取引はもちろん3月限月の板と6月限月の板の両方を用意しそれぞれを取引すればよいかもしれないが、マーケットの動きが激しいときは執行リスクがある。そこで3月限月と6月限月スプレッド取引を利用し、乗り換えることが多い。スプレッド取引はその取引のための板があり、通常の先物と同じように取引することができる。

3　金利スワップ

(1)　スワップ契約

　スワップとは、あらかじめ決められた固定金利と将来の特定の時点で決まる変動金利との交換が1回以上3カ月、6カ月などの期間を経て繰り返し行われる契約である。例として、図表1－9のスワップを考える。

　このスワップは、2年間で半年ごとにA銀行との間で合計4回の現金の交

図表1-9 金利スワップ取引事例

取引相手	A銀行
変動金利の指標	6カ月LIBOR（A/360）
固定レート	1.00%（A/365F）
スタート	2013年12月15日
エンド	2015年12月15日
サイド	固定金利　支払い
想定元本	10億円
利払日	半年ごと
利息計算期間	半年ごと

換（キャッシュフローの交換）が起こる。利払日は半年ごとであるので第1回目の交換日はスタートから半年後の2014年6月15日となる。このとき交換する金額は、2013年12月15日から半年間分である182日間の、10億円に対する固定金利と変動金利のそれぞれの利息を計算することによって得られる。固定金利の利息は10億円に固定レート1%を乗じ、さらに182日を365日で割った数（DCF）を乗じると4,986,301円となる。また、変動金利の金利は利息計算期間の始まる2営業日前の6カ月LIBORを使用する。このケースでは、2013年の12月13日に設定されたレート（ここでは仮に0.5%とする）が適用され、変動金利の利息は10億円に0.5%を乗じさらに182日を360日で割った数を乗じて2,527,778円となる。この契約では、サイドが固定金利を支払う側であるので、A銀行へ固定金利の利息を支払い変動金利の利息を受け取ることになる。

(2)　金利スワップマーケット

a　相対取引

　金利スワップは、一つの契約で金利のやりとりが複数回行われるため、その履行が担保されなければならない。そのため取引相手は、信用のある銀行

や企業に限られてくる。特に金利スワップのマーケットに参加し頻繁に取引することができるのは一部の金融機関のみである。

　このようにスワップマーケットは、参加者が限定されているマーケットなので、相対取引が中心である。相対取引で参加者が取引相手側を見つけるには、他のマーケット参加者全員に自分が取引したいスワップの条件を提示し、その返信を待つことになる。しかし、このような取引方法では手間や時間がかかりマーケット水準が変化してしまうこともある。また、一部の参加者だけに条件を提示しても、条件があわない場合は相手が応じないこともある。このように取引が集中する先物マーケットと比較すると効率は悪い。

　そこでOTCブローカーと呼ばれる会社が仲介をして取引を円滑にしている。彼らはさまざまな参加者と常にコンタクトし、ベストな価格をいつでも提供できるように情報を集めている。

　マーケットで取引されている標準的なスワップは、スポットスタートすなわち2営業日後から始まるスワップである。参加者はスワップの年限を、1年から30年まで1年単位で指定することができる。そのなかでも取引が多い年限は、1年から5年、7年、10年であり、これより長い期間では20年や30年の取引が多い。

b　フォワード価格

　日経平均や商品マーケットでは、その先物が数カ月あるいは数年先まで上場しているため、フォワード価格は直接観測できる。また、為替マーケットでも、1年先までのフォワード取引は活発に行われている。一方、金利スワップマーケットでは標準的な取引はスポットスタートであり、フォワードスタートの取引はあまりない。また、他のデリバティブと異なる点として、金利スワップは期間があるので、たとえば同じ1年先からスタートするフォワードスタートスワップでも、期間は6カ月間から30年間までさまざまな年限がある。1年フォワードの2年間のスワップは「1y into 2y」と表記する。

このようなフォワードレートは、いまマーケットで取引されているさまざまな年限のスポットスタートのスワップから計算しなければならない。たとえば、1年先の6カ月金利、すなわち「1y into 6m」のレートを求めるには、計算日の6カ月LIBOR、スポットスタートの1年、18カ月の三つのスワップ金利からブートストラップ法を用いて計算する。このような方法でわれわれは「2y into 6m」、「3y into 6m」……などすべてのフォワード6カ月LIBORレートを計算することができる。さらに、このフォワードLIBORを組み合わせると、期間の長いフォワードスタートのスワップレート、「1y into 5y」などを計算することができる。

c　需給関係

　円金利スワップのほかに、同じ金利マーケットとして日本国債（JGB）のマーケットがある。日本国債もスワップと同様にさまざまな年限のものが取引されているが、同じ年限のスワップ金利から国債金利を差し引いたものはスワップスプレッドと呼ばれている。スワップマーケットの参加者は、スワップスプレッドを常に意識し取引しているため、国債マーケットはスワップ金利に大きな影響を与えている。

　日本国債の需給を考えると、国債の供給は主に財務省による入札である。これは、毎月決まったスケジュールで、決まった数量が、そのときの時価で証券会社等に売り出される。一方、国債の買い手は主に投資家であり、彼らはタイミングを計って買っている。このように国債マーケットの変動要因は、供給側にあることは少なく、買い手である投資家の行動によるところが大きいと思われる。一方で、2(2)で述べた農産品では供給者は農家であり、彼らは現在大きな倉庫も保有しているので、売り出すタイミングや数量も自由に決めることができる。また、買い手の消費者も買控えや代替品を用いるなど、さまざまな手法を用いることができる。そのため農産品では、需要者と供給者両者の影響が同程度マーケットに反映される。

第1章　準備編

問題

問1 ▶ 為替レート100円でドルを100ドル買いその直後為替レート101円でドルを100ドル売った。
この二つの取引で利益はいくらか。

答1 ▶ 円の支払金額は100円×100ドル＝10,000円
円の受取金額は101円×100ドル＝10,100円
であるので、100円が収益となる。

問2 ▶ ドル円のスポットレートが100円、円金利が年率1％、ドル金利が年率5％とする。1年フォワードの為替レートもスポットレートと同じ100円だとすると、マーケットリスクをとることなく利益をあげることができるか（アービトラージできるか）。

答2 ▶ ①為替スポットマーケットにて100円で1ドルを買う。
②同時に1年フォワードの為替取引で1.05ドル分を売る。
このときフォワードレートは100円であるので1.05ドル分で105円を1年後に受け取ることが確定する。
③100円を1％で1年間借りる。
④スポット取引で得た1ドルを5％で運用する。1年後1.05ドルになっているのでフォワード取引で売る分のドルに充当する。
⑤1年後③で借りた100円を②で得た105円のうちから返済し、手もとに4円残る。これがアービトラージによって得られる利益となる。

①と②は為替マーケットにおいてパッケージで取引することができる。その場合FXスワップと呼ばれる。決済日は異なるが、為替の買いと売りを同時に行っているので、為替リスクはない。別々の取引をする場合は、為替リスクが大きく発生するので執行リスクが伴う。

③④において、実際には無担保で1年間借りるマーケットは、流動性があ

まりない。そこで、オーバーナイトインデックススワップと呼ばれる金利スワップを用いて、固定借入コストの１％を変動金利の一種であるオーバーナイトレートに変換し、オーバーナイトマーケットで資金を調達する。

同様に、ドルの運用も固定の５％を変動のFFレートに変換し、オーバーナイトマーケットで運用することになる。

スワップを使う場合でもマーケットは常に変動しているので、執行リスクはある。

問3 ▶ 日経平均先物を３ロット15,000円で売り、その後14,000円で２ロット買い、16,000円で１ロット買った場合、利益はいくらか。

答3 ▶ 15,000円コストの３ロットのショートのうち、２ロットは14,000円で買い戻しているので単価では1,000円の利益である。
したがって、日経平均先物の１ポイントバリューが1,000円であることを思い出すと、利益は1,000円×1,000円×２で200万円である。
また、残り１ロットは16,000円で買い戻しているので1,000円の損失である。
この分は1,000円×1,000円×１で100万円の損失、合計で100万円の利益となる。

問4 ▶ 米国産コーンの現物が１ブッシェル当り500セントとする。また、３カ月先に満期が到来するコーン先物が560セントとする。倉庫への保管料が１ブッシェル当り３カ月で５セント、金利が３％とする。このときアービトラージできるか。

答4 ▶ ①現物コーンを5,000ブッシェル買い500セント支払う。このときの金額は25,000ドルである。
②先物１ロット560セントで売る。
③25,000ドルを３％で借りる。

④現物コーンを3カ月間倉庫へ保管する。
⑤3カ月分の利息、25,000ドル×3％×3/12＝20.83ドルを支払う。
⑥3カ月後保管料5セント×5,000＝250ドルを支払う。
⑦先物の満期日に現物を取引所に560セントで渡し、現金28,000ドルを受け取り借入金を返済する。

①②は為替のケースと異なりパッケージ取引では行えない。そのため執行リスクがある。

③は無担保で借りるため金利は高めになる。

①から⑦までを行うと、3カ月後には28,000－25,000－20.83－250＝2,729ドルの利益が得られ、アービトラージができる。

問5 ▶ 米国産コーンの現物が1ブッシェル当り500セントとする。また、3カ月先に満期が到来するコーン先物が200セントとする。倉庫への保管料が1ブッシェル当り3カ月で5セント、金利が3％とする。このときアービトラージできるか。

答5 ▶ 問4と異なり現物価格が先物価格を大幅に上回っているケースである。

このとき割高な現物コーンを空売りすることができれば、同じ理由でアービトラージできるが、空売りするマーケットがないため不可能である。現物の空売りができないマーケットでは品薄感があると、スポット価格が先物価格を大幅に上回るバックワーデーションということがしばしば起こる。この状態は品薄感が解消されるまで続く。

一方、スポット価格が先物価格よりも安い場合はコンタンゴと呼ばれるが、問4のようにアービトラージができるので、ある程度の水準で止まることが多い。

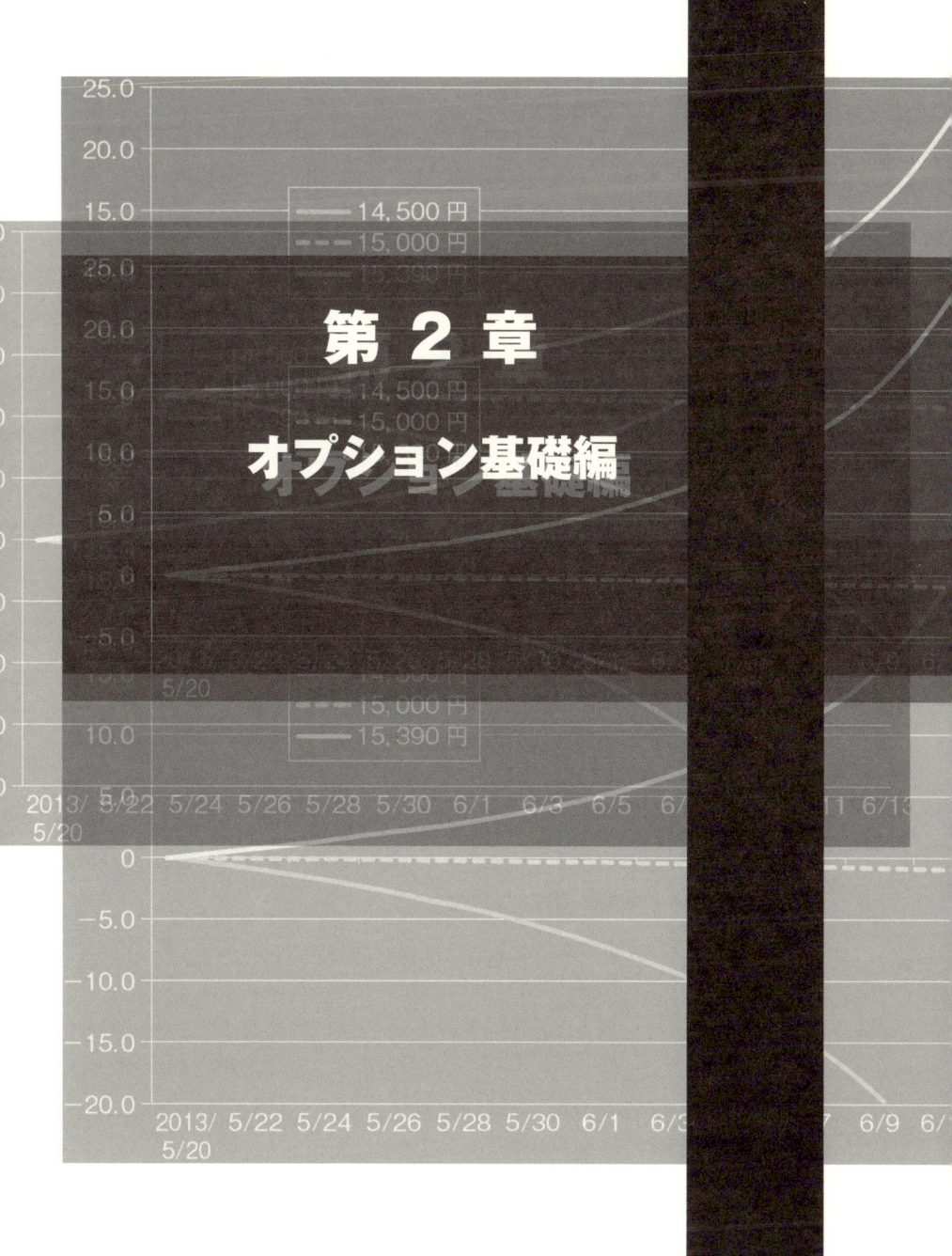

第 2 章

オプション基礎編

第2章　オプション基礎編

1 インプライドボラティリティの重要性

　本章ではオプションの基本的性質を説明する。オプションの理論のなかで最も重要な要素はインプライドボラティリティである。トレーディングの基本は当然、安く買い高く売る、または高く売り安く買い戻すというシンプルなことである。この安い、高いを判断するには、もちろんオプション価格そのものも一つの指標となる。しかし、このオプション価格よりも、インプライドボラティリティで安い高いを判断するほうが圧倒的に有利である。

　2013年に中国の大連マーケットにおいて中国初のオプションの模擬トレードが1カ月にわたり行われた。このマーケットでは多くの参加者がオプション取引の経験がなく、先物と同様にそのオプション価格のみをみながら取引を行っていた。このようなマーケットでは、さまざまな行使価格のオプションのなかで、ある行使価格がベンチマーク銘柄のような役割になり、その価格変動をみながら他の行使価格のオプションが取引されていく、というような動きであった。その結果、インプライドボラティリティでみた場合、マーケットはそれぞれの行使価格のオプションの間に整合性がなく、非常にゆがんだものになっていた。筆者もこの模擬トレードに参加したが、インプライドボラティリティで割安なものを買い、割高なものを売るという単純な戦略でリスクを最小限にしながらも1カ月で約50％のリターンをあげることができた。このようにインプライドボラティリティはオプショントレーディングを行ううえで最も重要な指標である。

　また、インプライドボラティリティは原資産価格、行使価格、期間などの条件が与えられていれば、オプション価格に1対1で対応するものである。すなわちオプション価格がある条件のもとで100円であれば、これに対応するインプライドボラティリティが一つだけ存在する。また逆にインプライドボラティリティを与えればこれに対応するオプション価格も一意的に定まる。このようにインプライドボラティリティはオプション価格のかわりにな

る指標であり、マーケットによってはトレーディングを行っている間インプライドボラティリティのみをモニターする。

2 オプションとは

(1) さまざまなオプション

オプションとは、どのような契約なのか、さまざまなオプションについて、以下例をあげ、取引に必要な条件を説明する。

a 為替オプション

A社が為替ドル円120円コールオプションをB銀行から購入したとする。このオプション契約によりA社は1ドルを120円でB銀行から買うことができる。オプションの満期日に権利を行使することをB銀行に伝え、1ドルを受け取り120円を支払うことができるものである。権利を行使する日に為替レートが150円になっていると、1ドルを120円で買う取引は実勢よりも30円安いので有利な取引である。逆にドル円のレートが120円より下であれば1ドルを120円で買う取引は、不利な取引となるので権利を放棄し、そのときの為替マーケットで安く買う。

オプション契約の相手方になったB銀行は、たとえドル円レートが120円より高くても、権利行使の通知が来た場合はA社に120円でドルを売らなければならない。このように権利をもっているほうが一方的に有利なのでこの契約は価値があり、権利をもっている人はその相手にオプション料を支払う。このようなオプション取引でA社からみた必要な事項をまとめると、図表2-1のようになる。

第 2 章　オプション基礎編

図表 2－1　為替オプション取引事例

❶取引相手	B銀行
❷オプション対象	ドル
❸満期日	1年後
❹行使価格	120円
❺権利の種類	コール
❻売買の種類	買い
❼売買の数量	10,000ドル
❽オプション料	1円
❾オプション料支払日	2営業日後
❿行使タイプ	ヨーロピアン
⓫オプション清算方法	現物決済

❶　取引相手

　この例では取引相手はB銀行になる。A社とB銀行での相対取引になり、決められた規格はなく、満期日や行使価格などの条件を自由に決めることができる。OTC取引、オーバーザカウンター取引ともいう。OTC取引のうち、銀行のみが参加することができるマーケットをインターバンクマーケットという。一方、取引所が行っているオプション取引はできるだけ多くの参加者が一斉に取引できるように、行使価格や満期など規格化されている。

❷　オプション対象

　原資産、Underlyingとも呼ばれ、オプション契約の対象となっているものである。原資産は市場性のあるもの、つまり価格が逐次変動しているものがオプションの対象として適当である。もしオプション対象が価格変動のないものならば、その価格でいつでも売買できることになり、買う権利や売る権利が意味をもたないからである。

❸　満　期　日

　契約の満期日である。オプション契約では権利が主張できる最終日であ

る。満期日以降は効果がなくなる。オプションでは特に時間まで定めている場合が多い。原資産の価格が逐次変動しているため、時間を定めないとその日の夜12時まで有効となり、通常の業務時間外まで対応しなければいけなくなるからである。

❹ 行使価格

オプションの権利を主張し、原資産を売買するときの値段である。ストライクともいう。また現在の原資産価格と同じ行使価格のことをアットザマネーのストライクという。アットザマネーのストライクよりも高い行使価格をハイストライク、低いものをローストライクと呼ぶ。

❺ 権利の種類

オプションタイプともいう。コールオプションとは原資産を買うことができる権利であり、行使価格をもって買うことができる。また、プットオプションとは原資産を売ることができる権利である。

❻ 売買の種類

オプション自体の売買の種類のことである。オプションを買うとは、買う権利または売る権利を購入することである。また、トレーディング用語ではオプションのロングという。買った人のことを、オプションのバイヤー、オプションホルダーなどという。オプションの売りはショートという。権利を売ったほうはセラー、ライターと呼ばれる。

❼ 売買の数量

オプションの売買の数量は、オプションを行使したときに取引する原資産の数量のことである。

❽ オプション料

オプションの対価を現金で支払うときの金額のことである。オプションを買ったほうが支払う。プレミアムともいう。

❾ オプション料支払日

オプション料の支払いは取引所相手の場合、当日またはオプション満期

日、OTC取引は自由に定めることができるが2営業日後が多い。

❿ 行使タイプ

アメリカンタイプとヨーロピアンタイプがある。アメリカンタイプはオプション満期日までの間いつでも行使できる。一方、ヨーロピアンタイプは満期日のみ行使できる。もっともアメリカンタイプを満期途中に行使するとマーケットで売却するよりも不利になるケースが多いため、実際に行使するのは満期日になることが多い。

⓫ オプション清算方法（オプションセトルメントタイプ）

差金決済（Cash Settle）と現物決済（Physical Settle）がある。差金決済とは、インザマネーのオプションを行使した場合、原資産を直接取引せず、原資産価格と行使価格の差を現金で決済することである。現物決済は実際に行使価格で原資産を売買することである。なお、この例ではオプションの対象となる原資産はドルであるので、清算時にはドルを買うことになる。

b　シカゴコーン先物オプション

オプション取引のなかでも農産品オプションは、むしろ非常にシンプルである。農産品は為替や日経平均価格、その他の商品とは異なり、1年に1回の収穫ゆえ、各限月同士の価格が不連続になりがちである。特に、旧穀と新穀に相当する7月限と12月限はまったく別物として価格が動くことが多い。為替や日経のようにスポット価格やインデックスから将来価格を計算することが困難である。したがって、オプションの対象は農産品の現物ではなく各限月の先物そのものを対象とする。極端なものは、いま現在を2013年とすれば2014年の12月限月を対象としたオプションとして、満期が2014年3月満期オプション、7月満期オプションなども上場している。

先物オプションの特徴は取引相手が取引所になることである。したがって、オプション満期日や行使価格などは取引所が用意した規格のものしか取引ができない。満期日のG4は2014年2月限を表し、取引所のルールによる

図表2-2　コーン先物オプション取引事例

①取引相手	シカゴ取引所
②オプション対象	シカゴコーン先物H4
③満期日	G4
④行使価格	350セント
⑤権利の種類	プット
⑥売買の種類	売り
⑦売買の数量	11ロット
⑧オプション料	7.25セント
⑨オプション料支払日	当日
⑩行使タイプ	アメリカン
⑪オプション清算方法	現物決済

と、満期日は表示されている月の前月の特定の日であるので、このケースでは1月24日となる。したがって、たとえば1月25日までリスクをカバーしたい場合はH4オプションを用いることになるが、このオプションの満期は2月21日であるので余分なコストがかかってしまうなどのデメリットがある。一方で、オプションのユーザーがG4のオプションを購入したが途中で不要となった場合、流動性は十分にありほぼ1日中マーケットが開いているので、すぐに売却し現金化することができる。相対取引では相手との合意が必要であり、やや手続が煩雑になることがある。

　オプション清算方法は現物決済とあるが、オプションの対象はシカゴコーン先物H4であるので、オプションを行使した場合、米国産コーンそのものではなく先物が先物口座に入ることになる。

c 日経平均オプション

図表2-3　日経平均オプション取引事例

①取引相手	大阪取引所
②オプション対象	日経平均株価指数
③満期日	Z3
④行使価格	14,000円
⑤権利の種類	コール
⑥売買の種類	買い
⑦売買の数量	25ロット
⑧オプション料	250円
⑨オプション料支払日	当日
⑩行使タイプ	ヨーロピアン
⑪オプション清算方法	差金決済

　オプション満期日はZ3とあるが、Zが12月を表し、日経平均オプションの満期日はその月の第二金曜日と定められているので、2013年12月13日となる。なお、オプションそのものの取引は前日の12日までであり、満期日には差金決済の結果を待つだけであるので実質の満期日は12日である。
　日経平均オプション取引の場合、オプションの対象は先物ではなく指数そのものである。オプションを行使した場合、原資産となっている指数は受け渡すことができないので必然的に差金決済になっている。

d 金利オプション
　原資産をスワップとするオプションとは、オプション満期を3カ月とすれば3カ月後に対象となるスワップ契約に入るか入らないかを決めることができる権利である。為替オプションの場合では、現物決済を選択するとオプション満期日2営業日後にドルが入金され契約は終了する。また、日経平均

オプションの場合ではオプション満期日に差金決済され、現金のやりとりをもって契約が終了する。しかし、スワップを対象とするオプションはオプション満期後にその対象のスワップ契約が新たに始まるという点に注意したい。

　金利スワップを原資産とするオプションはスワプションと呼ばれる。スワプションはタイプが2種類あり、固定金利を受け、変動金利を支払うスワップに入る権利をレシーバーズオプションと呼び、その逆の固定金利支払いのスワップに入る権利をペイヤーズオプションという。

　5年スワップを対象とした満期1年のオプションで、固定金利1％を支払い6カ月LIBORを受け取るスワップに入る権利を「1y into 5y」1％ペイヤーズと呼び、これまでのオプションでいう行使価格は1％に当たる。なお、対象となるスワップの期間のことをテナーという。オプションマーケットで取引されるオプションの種類は満期は1カ月から20年まで、スワップテナーは1年から30年まであり、それぞれの組合せすべてがスワプションの取引対象になっている。

　テナーが6カ月のスワプションはやや特殊で、ペイヤーズはキャップレット、レシーバーズはフロアレットと呼ばれる。マーケットではこれらは期間が短すぎるため単体で取引されることはあまりなく、ある一定期間分まとめて取引される。たとえば、期間2年分のキャップレットで固定金利1％を払う権利をまとめると、満期が6カ月、1年、1年半という三つのオプションのパッケージになる。この取引は1％の2年キャップと呼ばれる。

　図表2－4は、「1y into 5y」のペイヤーズの例である。

図表2－4　スワプション取引事例

①取引相手	B銀行
②オプション対象	5年スワップ
③満期日	1年後
④行使価格	1.00%
⑤権利の種類	ペイヤーズ
⑥売買の種類	買い
⑦売買の数量	10億円
⑧オプション料	95bps
⑨オプション料支払日	2営業日後
⑩行使タイプ	ヨーロピアン
⑪オプション清算方法	現物決済

オプション料はbps（ベーシスポイント）で表示されているが、bpsとは1万分の1のことである。したがって、実額は想定元本である10億円に95を掛け10,000で割って9,500,000円となる。

また、オプション清算方法は現物決済となっているが、これはオプション満期後実際の5年スワップ契約に入ることを意味する。そのため契約終了はオプションの満期を超え非常に長期間になり与信の問題などが発生することがある。しばしば、その問題を解決するために差金決済という場合もある。また、スワプションを用いて運用を行っているヘッジファンドなどもスワップ契約に入ることを目的にしない場合は差金決済を選択する。

e　金利以外のスワップオプション

コモディティデリバティブにおいても、支払いが複数回あるスワップはしばしば取引されている。金利スワップの変動金利に対応するものとして先物の直近限月の清算値とあらかじめ固定されたレートを交換するスワップなどがある。

シカゴコーン先物を用いたスワップの例は、

スタート	2011年12月20日
エンド	2012年6月20日
支払間隔	2カ月ごと
固定レート	4.00ドル
変動レート	第一限月の終値
サイド	固定レート支払サイド

である。

　はじめにこのスワップについて説明すると、第1回目の支払日は2月20日になる。このとき固定レートは4ドルであるが、変動レートは支払日の2日前の第一限月、すなわち3月限月の終値を変動レートとする。なお、シカゴコーンの先物の限月については1章2(2)を参照すること。同様に第2回目の支払日は4月20日となり、変動レートは5月限月の終値となる。最後の支払日は6月20日で7月限月の終値である。また、サイドは固定レート支払サイドとあるが、これは各支払日に相手に対して固定レートの4ドルを払い変動を受け取るということである。反対に固定レート受取サイドであれば4ドルを受け取る立場になる。

　このスワップを対象とするオプションの例は、以下である。

オプション満期日	2011年12月18日
行使価格	4.00ドル

　このオプションは満期日にこのスワップ契約を結ぶかどうか決めることができる権利である。このスワップ契約を結ぶと固定レートを支払う側の立場となる。固定レートを支払うスワップに入る権利をペイヤーズオプションとも呼び、変動レートが上昇すると利益が出る立場になる。したがって、ペイ

ヤーズオプションはわれわれがコールオプションと呼んでいたオプションと同じタイプである。また、いまの例では行使価格が4ドルであるので4ドルペイヤーズと呼ぶことにする。反対に、対象となるスワップ契約が固定受取サイドのときはレシーバーズオプションと呼びプットオプションと同じサイドである。

(2) コールとプット

オプションの権利の種類はコールとプットの2種類であった。われわれは、これらの権利を売買するので次の四つの状態がある。コールの買い、コールの売り、プットの買い、プットの売りである。

	買い	売り
コール		
プット		

原資産価格が上昇したとき有利に働くのはコールの買いとプットの売りである。コールは行使価格で買う権利であるので原資産価格が上昇すると、権利の保有者にとって有利になる。また、プットは行使価格で売る権利であるが、この権利を売っている場合は相手から権利を行使される可能性がある。しかし、原資産価格が上昇すると、相手は権利を行使して売るよりもマーケットで売ったほうが得になる可能性が高まるので、オプションを売った側に有利に働く。

図表2-5　オプション特性表（原資産上昇時）

	買い	売り
コール	有利	不利
プット	不利	有利

同様に原資産価格が下落したとき有利に働くのはコールの売りとプットの買いである。

図表2-6 オプション特性表（原資産下落時）

	買い	売り
コール	不利	有利
プット	有利	不利

(3) オプションの状態

　現時点での日経平均が16,000円のとき、行使価格14,000円のコールオプションは14,000円で買うことができる権利であるから、マーケットで直接買うよりも有利な状態である。このように満期日前に、仮にオプションを行使した場合、現時点でのマーケットよりも有利に働くオプションをインザマネーという。また、行使した場合不利に働く状態のものはアウトオブザマネーという。行使価格と現時点のマーケット価格が同じ場合はアットザマネーという。

3 オプション価格の計算

　日経平均価格や為替レートなどは、毎日、新聞やテレビなどのニュースで目にしているので、実際に取引する場合には、その価格自体に不透明性を感じることはない。しかし、オプション価格はその原資産価格とは異なり、普段あまり目に触れることがない。そのため一部の新聞などで清算ベースでのオプション価格をみることはできるが、その価格が妥当なのかどうか確認することはむずかしい。

　また、実際にオプショントレーダーでも、オプション価格そのものを逐次把握することはむずかしい。特に、電子取引の場合、多くのトレーダーはオ

プションをコンピュータで直接取引しているので、原資産価格が変動するたびに、オプションの売買の気配値を人間の目では追えないスピードで変更する。人間が取引する場合は、電卓や本などを見返したりする余裕はないので、まず直感的にこのオプション価格はこのようなものというイメージをもつことが重要である。精密な価格計算はエクセルなどを使えばよい。

　直感的にとらえるための初めのステップは、オプション価格をイントリンシックバリューとタイムバリューに分解してみることである。大まかにいえば、オプション価格のうち、いま利益になっている部分と将来利益になる可能性がある分に分けるということである。次のステップは、満期日と行使価格がともに同一のプットとコールの価格の関係性を理解し、コールオプションの価格がわかれば、同じ行使価格のプットオプションの価格も容易にイメージできるようになることである。

(1)　イントリンシックバリューとタイムバリュー

　イントリンシックバリューとは、直感的にはそのオプションがインザマネーの状態のときは原資産価格と行使価格の差になり、オプションがアウトオブザマネーの状態ではゼロになる。タイムバリューとはオプション価格からイントリンシックバリューを差し引いたものである。

　いま、例として日経平均の14,000円コールオプションの価格をイントリンシックバリューとタイムバリューに分解することを考える。日経平均価格が15,000円のとき、行使価格14,000円のコールオプション保有者は、市場価格が15,000円であるにもかかわらず14,000円で買うことができる。したがって、このオプションの状態はインザマネーの状態である。このままオプションを行使することができれば、最低限利益は1,000円確保できる。この1,000円がイントリンシックバリューになる。仮に、このオプションがマーケットで1,200円で取引されているとすれば、イントリンシックバリューである1,000円との差200円がタイムバリューになる。

まとめると、
　オプション価格＝イントリンシックバリュー＋タイムバリュー
となる。

　同様に日経平均価格が12,000円のとき、このオプション価格を分析してみる。14,000円コールオプションの保有者は、先物価格が行使価格より下なので、もしこのままオプションが満期を迎えると権利を行使することはない。したがって、このオプションはアウトオブザマネーの状態であり、イントリンシックバリューはゼロである。しかし、このオプションはまだ満期まで時間があり、日経平均価格が上昇すれば行使することもありうるので、マーケットではなんらかの価格で取引されている。よって、その価格がタイムバリューである。

　オプションがアメリカンタイプのときは、その場で行使すればイントリンシックバリュー分は確保できる。したがって、これを下回る価格で売る理由はほぼない。一方、オプションがヨーロピアンタイプのとき、このイントリンシックバリューは本当に最低限の価値になるであろうか。このことを検証するため、日経平均価格が15,000円のとき、14,000円コールオプションがイントリンシックバリュー1,000円を下回る700円で売り注文が出ているケースを考える。トレーダーはどのようなアクションをとれば、イントリンシックバリューとマーケットバリューの値差である300円をリスクなく得ることができるであろうか。

　まず、14,000円コールオプションを700円で買い、それと同時に日経平均先物を15,000円で売る。後は、オプションの満期まで待つとトレーダーは300円以上の収益を得ることができる。満期日に日経平均価格が12,000円になった場合、買ったオプションは無価値になり行使せずとなる。PLは、はじめに支払ったオプション料でマイナス700円となる。また、先物については、最終価格12,000円で差金清算となり、売値の15,000円との差益3,000円を得ることができる。したがって、オプションと先物の合計のPLは2,300円

となる。

　逆に満期日に日経平均価格が上昇し18,000円になっていたとする。先物の売りポジションで3,000円の損となるが、満期日にオプションを行使することで18,000円との差金により4,000円の収益を得ることができる。ただしオプション料700円をはじめに支払ったので300円が合計のPLである。

図表2－7　ポジション損益計算表

満期日の日経平均	日経先物PL	コールオプションのPL	合計
12,000円	3,000円	－700円	2,300円
18,000円	－3,000円	3,300円	300円

　以上の考察により満期日に先物が上昇していても下落していても収益は300円以上残り、イントリンシックバリューである1,000円を下回っていた分の300円は確保できる。したがって、もしオプション価格がイントリンシックバリューを下回ることがあれば、トレーダーはリスクをとることなく利益を確保できるので、マーケットではその価格以下になることはほぼない。

　なお、このオプションを700円で売った相手は、イントリンシックバリュー以下で売却したからといって損が出ているとは限らない。彼はもしかしたら、もともとこのオプションを100円で買いこれを700円で売却しただけなのかもしれないからである。このように、オプション取引においてはそれぞれの取引手法が異なるのでゼロサムになるわけではないのである。

(2)　プットコールパリティ

　ここでは満期日と行使価格がともに同一のプットとコールの価格の関係について分析する。これらのオプションは行使価格が同じなのでどちらかのオプションはインザマネー、もう一方はアウトオブザマネーになっている。よって、一方はイントリンシックバリューをもち、もう一方はゼロである。日経平均株価が15,000円のとき14,000円コールオプションのイントリンシッ

クバリューは1,000円であり、14,000円プットのそれはゼロである。

タイムバリューはどうであろうか。先に答えをいうとプットとコールで等しくなる。もし、コールオプションのタイムバリューが100円であれば、プットのそれも100円になるということであり、コールとプットの価格の違いはイントリンシックバリューがあるかないかだけである。いま日経平均株価が15,000円のとき14,000円コールのタイムバリューを100円とすると、図表2-8のようになる。

図表2-8　オプション価格分析表（コールインザマネー時）

日経平均15,000円のとき		
	14,000円コール	14,000円プット
イントリンシック	1,000円	0円
タイムバリュー	100円	100円
オプション価格	1,100円	100円

図表2-8からコールオプションがインザマネーのとき、
　コールの価格＝イントリンシックバリュー＋タイムバリュー
　　　　　　　＝（日経平均株価－行使価格）＋タイムバリュー
　　　　　　　＝（日経平均株価－行使価格）＋プットの価格
となる。この式をプットコールパリティと呼ぶ。

逆に、プットオプションがインザマネーのケースを考え、日経平均株価を12,000円、14,000円コールのタイムバリューを50円とすると、図表2-9のような価格の構成になる。

図表2−9　オプション価格分析表（プットインザマネー時）

日経平均12,000円のとき		
	14,000円コール	14,000円プット
イントリンシック	0円	2,000円
タイムバリュー	50円	50円
オプション価格	50円	2,050円

図表2−9から、

プットの価格＝イントリンシックバリュー＋タイムバリュー

　　　　　　＝（行使価格−日経平均株価）＋タイムバリュー

　　　　　　＝（行使価格−日経平均株価）＋コールの価格

となるが、これは書き直すと（プットコールパリティ）と同じ式である。

タイムバリューについて満期日と行使価格がともに同一のコールとプットでは等しくなると先に述べたが、もしマーケットで異なるタイムバリューで取引されている場合アービトラージができるか、例をあげて考えてみる。いまマーケットが、図表2−10のようになっているとする。

図表2−10　オプションマーケット例

日経平均15,000円		
	14,000円コール	14,000円プット
イントリンシック	1,000円	0円
タイムバリュー	100円	150円
オプション価格	1,100円	150円

14,000円プットのタイムバリューがコールのタイムバリューよりも50円だけ高い価格で取引されている。このときトレーダーは150円でプットを売り、1,100円でコールを買い、さらに15,000円で日経平均を売る。実際は日経平均株価そのものの取引はできないので先物を使う。このときトレーダーのポジションは、

図表2-11　アービトラージポジション

14,000円プット	150円	売り
14,000円コール	1,100円	買い
日経先物価格	15,000円	売り

となる。このポジションをオプション満期まで保有し、先物価格によって適切にオプションを行使すればトレーダーは利益を確保できる。満期日に日経平均株価が12,000円まで下落した場合トレーダーは、売り建てた14,000円プットが行使され、差金清算される。PLは、満期日の日経平均株価が12,000円であるから2,000円の損失となるが、オプションを売却したときのプレミアム150円が残っているので合計マイナス1,850円となる。また、15,000円コールのPLは、アウトオブザマネーなので行使はせず、はじめに支払ったプレミアム1,100円の損失となる。最後に、15,000円で売っていた先物のPLは3,000円の利益である。以上のオペレーションによりトレーダーは現金50円を残すことができる。

図表2-12　アービトラージポジションのPL（日経平均12,000円のとき）

	アクション	PRICE	オプションの行使	PL
14,000円プット	売り	150円	行使される	-1,850円
14,000円コール	買い	1,100円	行使しない	-1,100円
日経先物	売り	15,000円		3,000円
PLの合計				50円

同様に、日経平均株価が16,000円に上昇した場合、図表2-13のようになる。

図表2-13　アービトラージポジションのPL（日経平均16,000円のとき）

	アクション	PRICE	オプションの行使	PL
14,000円プット	売り	150円	行使されない	150円
14,000円コール	買い	1,100円	行使する	900円
日経先物	売り	15,000円		-1,000円
PLの合計				50円

　二つのケースのみについて表にまとめたが、同様な考察により満期日に日経平均株価がどのような価格になっていたとしても50円以上の利益は確保できる。

　なお、実際このアービトラージを行ううえで、トレーダーはオプションを買うために金利負担をしなければならない。そのためPLは50円とはならず、実際のプットコールパリティの式も金利分の調整が必要である。しかし、実際のトレーディングでは、同じストライクのオプションのタイムバリューは同じと覚えておき、このようなアービトラージの機会があると感じた場合に、エクセルなどを用い精密な価格を計算し取引する。金利分の計算をしている間にマーケットが動いてせっかくの機会を逃してしまっては元も子もないからである。

　なお、イントリンシックバリューを、ボラティリティがゼロと仮定したときのオプションの現在価値と精密に定義すればプットコールパリティーは、
　　コールの価格＝イントリンシックバリュー＋タイムバリュー
　　　　　　　＝（原資産価格のフォワード価格－行使価格）の現在価値＋
　　　　　　　　タイムバリュー
　　　　　　　＝原資産価格－行使価格の現在価値＋プットの価格
となる。

(3) オプション価格の要素

オプション価格の計算は、ブラックショールズの公式と呼ばれるものを用いる。ブラックショールズの公式以外にもオプション価格を計算する方法はいろいろある。実際のオプションマーケットではこのモデルではあわない現象もあるので、多くのトレーダーやブローカーはブラックショールズの公式を発展させた公式を使っている。しかし、お互いにマーケットの話をするときは、共通言語としてブラックショールズの公式を用いている。

この公式では、いくつかの変数を入力する必要があるが、そのうち主なものは、
　①原資産価格
　②行使価格（Strik）
　③現在からオプション満期までの時間（Time）
　④インプライドボラティリティ（Implied Volatility）
である。また、これ以外の要素には金利、その原資産が満期まで生み出す利息、配当またはコストがある。

①から③まではオプションの契約内容や原資産価格であるから、既知のものである。④のインプライドボラティリティとは、現在からオプション満期までの、先物価格の値動きの激しさの度合いのことである。この数値が大きければ今後のマーケットは不透明であり、小さければ今後マーケットはあまり動かないという意味である。なお、詳しくは後の(4)で述べる。

これらの変数を公式に入力すればオプション価格は計算される。そこで変数とオプション価格の関係について調べてみる。例として日経平均価格を18,000円、インプライドボラティリティは20.00％とし、満期1年、行使価格20,000円のコールオプションを考える。

図表2−14 コールオプション取引事例

日経平均価格	18,000円
行使価格	20,000円
満期までの時間	1年
インプライドボラティリティ	20.00%
円金利	0.10%
配当	1.50%

　このときのコールオプションの価格は公式を用いると637円となる。以下、①から④の変数を変化させそれぞれの要素とオプション価格の関係を調べる。

a　原資産価格とオプション価格
　行使価格、時間、インプライドボラティリティは一定にし、日経平均価格を変化させてコールオプション価格を計算すると表のようになる。

図表2−15　日経平均価格対オプション価格

日経平均価格	行使価格	時間	ボラティリティ	オプション価格
15,000円	20,000円	1	20.00%	98円
16,000円	20,000円	1	20.00%	204円
17,000円	20,000円	1	20.00%	378円
18,000円	20,000円	1	20.00%	637円
19,000円	20,000円	1	20.00%	991円
20,000円	20,000円	1	20.00%	1,445円
21,000円	20,000円	1	20.00%	1,998円

　図表2−15から日経平均価格が18,000円ときのオプション価格は637円であり、日経平均が1,000円上昇し19,000円になると、オプション価格は991円になっている。原資産価格とオプション価格の関係は、日経平均価格が上昇

すればコールオプションの価格も上がるということである。この例のコールオプションは日経平均価格を20,000円で買うことのできる権利なので、日経平均価格が上昇すれば、オプション満期日にマーケット価格よりも安く買うことができる可能性が高くなるからである。逆に、日経平均価格が下落すればそのチャンスはなくなり、オプション価格も下落する。

　このような関係性があるので、コールオプションを保有することは、経済的には日経平均を保有しているのと同じ効果がある。ただ、日経平均が18,000円から19,000円へと1,000円上昇したときに、オプション価格は637円から991円と354円上昇しているが、先物の変化幅の約3分の1の変化しかしないことをみれば、日経平均を約3分の1保有していると考えられる。また、日経平均が20,000円から21,000円へと変化する場合にはオプション価格の変化幅は約450円となり、先ほどの354円よりも大きくなっている。このことから、オプション保有者は日経平均を保有しているのと同じような経済効果は得られるが、日経平均価格の値位置によって、その効果の大きさは異なってくる。

b　行使価格とオプション価格
　原資産価格、時間、インプライドボラティリティは一定にし、日経平均価格を変化させてコールオプション価格を計算すると、図表2－16のようになる。
　図表2－16から行使価格が18,000円のオプション価格は637円、行使価格が1,000円高い19,000円コールは430円である。行使価格が高いコールオプションほどその価格は安くなっている。行使価格が高いコールオプションは、低いものに比べ満期日までに原資産が大幅に上昇していないと行使できないので不利であるからである。

図表2−16 行使価格対オプション価格

日経平均価格	行使価格	時間	ボラティリティ	オプション価格
18,000円	17,000円	1	20.00%	1,789円
18,000円	18,000円	1	20.00%	1,301円
18,000円	19,000円	1	20.00%	921円
18,000円	20,000円	1	20.00%	637円
18,000円	21,000円	1	20.00%	430円
18,000円	22,000円	1	20.00%	285円
18,000円	23,000円	1	20.00%	185円

c 時間とオプション価格

　日経平均価格、行使価格、インプライドボラティリティは一定にし、オプション満期を変化させてコールオプションの価格を計算する。満期3カ月（0.25年）、6カ月（0.5年）……5年のオプションを計算すると図表2−17のようになる。

　直感的にとらえると、現在18,000円の日経平均が、たとえば明日20,000円を超えて上昇する可能性はほぼゼロに等しいので、満期の短いオプションほどその価格は低くなることが想像できる。しかし、期間が長くなればなるほど、日経平均が上下のどちらかに動くかの可能性は等しいかもしれないが、20,000円を超え、より高い価格まで到達する可能性は増す。したがって、満期の長いオプションのほうが、有利に働くチャンスが多いので価格は高い。

図表2-17 時間対オプション価格

日経平均価格	行使価格	時間	ボラティリティ	オプション価格
18,000円	20,000円	0.25	20.00%	133円
18,000円	20,000円	0.50	20.00%	324円
18,000円	20,000円	1	20.00%	637円
18,000円	20,000円	2	20.00%	1,086円
18,000円	20,000円	3	20.00%	1,413円
18,000円	20,000円	4	20.00%	1,669円
18,000円	20,000円	5	20.00%	1,878円

d インプライドボラティリティとオプション価格

　日経平均価格、行使価格、オプション満期は一定とし、インプライドボラティリティを変化させてコールオプションの価格を計算すると、図表2-18のようになる。

図表2-18 ボラティリティ対オプション価格

日経平均価格	行使価格	時間	ボラティリティ	オプション価格
18,000円	20,000円	1	10.00%	107円
18,000円	20,000円	1	15.00%	341円
18,000円	20,000円	1	20.00%	637円
18,000円	20,000円	1	25.00%	960円
18,000円	20,000円	1	30.00%	1,298円
18,000円	20,000円	1	35.00%	1,645円
18,000円	20,000円	1	40.00%	1,995円

　いまからオプション満期までの日経平均価格の値動きが荒くなればオプション価格も高くなる。この状況はcで述べた期間が長くなることと似ている。日経平均価格が連日暴騰する可能性も出てくるので、20,000円をはるかに超える価格まで到達しうるということである。

第2章　オプション基礎編

　以上をまとめると、それぞれの要素が高くなったときコールオプション価格は、図表2-19のようになる。

図表2-19　コールオプションの性質（各要素上昇時）

要素	コールオプション
原資産価格	高い
行使価格	安い
時間	高い
ボラティリティ	高い

　同様にプットオプションの場合は、図表2-20のようになる。

図表2-20　プットオプションの性質（各要素上昇時）

要素	プットオプション
原資産価格	安い
行使価格	高い
時間	高い
ボラティリティ	高い

(4)　インプライドボラティリティとは

　インプライドボラティリティとは、現在からオプション満期までの、原資産価格の値動きの激しさの度合いのことであった。その他の変数である原資産価格、金利などはマーケットを観測すれば得られ、また時間の変数は日数を年に換算するだけでよい。一方、インプライドボラティリティは、直接みえない変数であり主観的な予想値である。そこで、まずイメージをつかむために過去に実現された変動率、ヒストリカルボラティリティ（Historical Volatility）またはリアライズドボラティリティ（Realized Volatility）を計算してみる。日々の変化率を求めることが計算手順の第1番目であるが、われ

われはこの変化率を自然対数を用いて計算する。この変化率はログリターンと呼ばれ、通常の変化率よりも便利なことが多い。

a　ログリターン

　ログリターンとは、ある日の価格と別の日の価格の割合の自然対数をとって計算した変化率の一種である。自然対数とはネイピア数と呼ばれる数、約2.71を底とした対数のことである。

　たとえば、100が103へ上昇したときのログリターンは、

　　LOG（103÷100）＝2.955％

と計算され、エクセルに標準で用意されている関数LNを用いて、LN（103/100）＝2.955％として計算することができる。これは通常の変化率の計算

　　（103－100）÷100＝3％

とほぼ同じ値になる。実際、関数解析の理論によると、変化率自体が数パーセントのときは両者はほぼ同じになる。したがって、われわれはログリターンとは通常の変化率を計算しているのとほぼ同じと考えてよい。また、対数を考える場合、底のとり方はいろいろあり、そのなかでも、たとえば日常ではわれわれは10を底とする対数を使用するほうが多い。しかし、ログリターンの計算でネイピア数を底とすると、他のどのような数を底にするよりも、通常の変化率に最も近い値になることが知られている。したがって、変化率の計算としてわれわれはネイピア数を用いる。なお、このログリターンを用いて実際の価格に戻す計算方法は、この例では、

　　100×EXP（2.955％）＝1.03

となる。EXP（2.955％）もエクセル標準関数でネイピア数の2.955％乗のことである。

　さらにログリターンを用いると便利な理由は、次の例でわかる。ログリターンの意味で2.0％上昇し、その後4.6％上昇、のちに1.6％下落した場

合、最終的な変化率、すなわちトータルリターンは、素直に計算すれば、
EXP（2.0%）×EXP（4.6%）×EXP（−1.6%）＝1.051271
となる。ここでログリターンをとれば、
LN（1.051271/1）＝5.0%
となる。
　一方で、EXPの掛け算は指数の掛け算なので実は、
EXP(2.0%)×EXP(4.6%)×EXP(−1.6%)＝EXP(2.0%＋4.6%−1.6%)
＝EXP(5.0%)
となり、トータルリターンは5.0%とわかる。
　結局はトータルリターンの計算はEXPの中身の足し算ですんでしまう。したがって、いくつか期間があり最終的な価格を計算する方法は、それぞれの期間のログリターンをすべて足し合わせ最後にエクセルの関数EXPを用いて価格に変換すればよい。

b　ヒストリカルボラティリティ

　ヒストリカルボラティリティの計算方法は原資産価格の日々のログリターンを計算し、その標準偏差をとればよい。エクセルでは、
　STDEV（1日目のログリターン、2日目のログリターン、3日目のログリターン、……）
とする。ログリターンの標準偏差とは、おのおのの変化がどれだけその平均からバラついているかということである。バラツキ具合ということに注意が必要である。たとえば、毎日5％ずつ上昇している原資産があるとすると、このログリターンは1日目も2日目も以降、すべて5％である。したがって、その平均はやはり5％であり、バラツキ具合はゼロである。感覚的にはこのように毎日上昇している相場をみると過熱感もあり、激しく動いているような錯覚は起こるかもしれないが、ヒストリカルボラティリティという意味ではゼロになってしまう。このことをオプション取引の観点からいえば、

毎日上昇することがわかっているならばオプションは必要なく、ただ原資産を買えばよいことになり、オプションの価値はゼロである。毎日5％上昇している原資産のヒストリカルボラティリティをエクセルを用いて計算すると、ログリターンが5％なのでそのままSTDEV（5％、5％……）とすればゼロとなる。

一方、原資産価格がある日には3％上昇し、その翌日は3％下落する、というような繰り返しの相場のヒストリカルボラティリティは、どうなるであろうか。為替マーケットにたとえれば、100円、103円、100円と行ったり来たりのマーケットである。こちらもエクセルでSTDEV（3％、−3％……）とすれば、何日分をとるかによって多少異なるが、ヒストリカルボラティリティはおおよそ3％強になる。このように原資産が毎日反対方向に動くと、ヒストリカルボラティリティは大きくなることがわかる。

なお、いま計算したヒストリカルボラティリティは1日当りのボラティリティであり、通常トレーディングではこれを年率換算して使用する。換算方法はマーケットの1年の営業日数が250日であれば、計算結果にルート250を掛ければよい。

また、ヒストリカルボラティリティの計算に使うデータの個数は特に決まったものがあるわけではない。使用するデータの個数やとる期間によって計算結果は異なってくる。そこで、使用するデータの個数をこれから取引しようとするオプションの満期に合わせるのも一つの方法である。1週間満期のオプションを取引するために参考にするヒストリカルボラティリティは、昨日から過去5営業日分の値動きの変化率の標準偏差を年率化したものとすればよい。

さらによく使われる方法としてローリングヒストリカルボラティリティがある。これは、まずはじめに本日から過去5営業日分のヒストリカルボラティリティを計算し、次にその前日から過去5営業日分、その前々日から過去5営業日分、と次々と計算し並べていく方法である。

以上の計算方法を日経平均価格を例にとって当てはめると、図表2－21のようになる。まず日経平均のクローズ価格を2013年6月13日からさかのぼって並べ、日々の変化をログリターンとして計算する。その横に過去5営業日のヒストリカルボラティリティを並べていくと図表2－21ができる。念のため、6月13日の行にある5営業日のヒストリカルボラティリティ77.50％は、6月7日から6月13日までの期間のログリターンの標準偏差にルート250を掛けたものであり、6月12日の行のヒストリカルボラティリティ58.90％は、6月6日から6月12日までのログリターンの標準偏差にルート250を掛けたものとなっている。また、参考のために30営業日分のヒストリカルボラティリティもその横に並べてある。

短い期間のヒストリカルボラティリティは、その計算する日付によって数

図表2－21　ローリングヒストリカルボラティリティ（日経平均価格）

日付	価格	ログリターン	5営業日ヒストリカル	30営業日ヒストリカル
2013/6/13	12,450円	－6.45％	77.50％	48.00％
2013/6/12	13,280円	－0.75％	58.90％	44.50％
2013/6/11	13,380円	－1.78％	72.50％	44.40％
2013/6/10	13,620円	7.15％	74.80％	44.20％
2013/6/7	12,680円	－1.10％	49.70％	39.30％
2013/6/6	12,820円	－0.93％	52.20％	39.20％
2013/6/5	12,940円	－5.34％	56.30％	39.40％
2013/6/4	13,650円	3.05％	47.10％	36.20％
2013/6/3	13,240円	－3.42％	43.30％	35.20％
2013/5/31	13,700円	0.66％	45.60％	33.80％
2013/5/30	13,610円	－4.24％	44.30％	33.80％
2013/5/29	14,200円	－1.12％	58.50％	31.50％
2013/5/28	14,360円	2.32％	64.30％	31.20％

値がかなり異なることがわかる。6月13日の5営業日のヒストリカルボラティリティは77.50％、6月12日のそれは58.90％であり、非常にブレが大きい。一方、期間を30営業日にしたヒストリカルボラティリティは、5月28日から6月13日までは30％強からに48.00％まで滑らかに上昇している。期間の短いものは後述するガンマトレーディング上でPLをみるため、また期間の長いものはマーケットのトレンドをつかむために用いる。

比較のためドル円の為替レートのヒストリカルボラティリティを計算してみると、図表2－22のようになる。

5営業日のヒストリカルボラティリティは最小で2％弱となり日経平均と比較すると全体的に小さい数値が並んでいる。このデータは、特にお盆休みの時期のものなので、閑散としたマーケットが現れている。

図表2－22　ローリングヒストリカルボラティリティ（ドル円）

日付	価格	ログリターン	5営業日ヒストリカル	30営業日ヒストリカル
2012/8/28	78.65	－0.18％	6.91％	6.53％
2012/8/27	78.79	0.32％	6.95％	6.66％
2012/8/24	78.54	－0.01％	6.82％	6.59％
2012/8/23	78.55	－0.85％	7.71％	6.60％
2012/8/22	79.22	－0.15％	4.53％	6.90％
2012/8/21	79.34	－0.29％	4.79％	6.88％
2012/8/20	79.57	0.30％	1.83％	6.99％
2012/8/17	79.33	0.32％	5.90％	6.91％
2012/8/16	79.08	0.32％	5.80％	6.86％
2012/8/15	78.83	0.53％	6.01％	6.78％
2012/8/14	78.41	0.23％	6.02％	6.74％
2012/8/13	78.23	－0.46％	6.93％	6.65％
2012/8/10	78.59	0.19％	7.23％	6.67％

第2章　オプション基礎編

c　インプライドボラティリティとヒストリカルボラティリティ

　bで計算したヒストリカルボラティリティは、あくまでも過去の話であり将来のボラティリティを保障するものではない。しかし、図表で計算したように、2013年6月の日経平均マーケットの30日ヒストリカルボラティリティは40～50％であったのに対し、この時期のマーケットのインプライドボラティリティは30％後半から40％程度であった。また、ドル円マーケットでは2012年8月ヒストリカルボラティリティが5％弱に対して、オプションマーケットがみているインプライドボラティリティは1カ月オプションで6％程度であった。

　以上からヒストリカルボラティリティとインプライドボラティリティは、おおまかにいえば同じような水準で推移している。実際トレーダーはヒストリカルボラティリティを参考にインプライドボラティリティを取引する。ヒストリカルが上昇してくれば、オプションを高い価格で買おうとするし、あるいは安くは売りたくないという心理が働くからである。

d　インプライドボラティリティの観測

　インプライドボラティリティとはヒストリカルボラティリティの将来の予想のようなものであることがわかったが、オプションマーケットにおいて、われわれはどのようにインプライドボラティリティを観測することができるのであろうか。

　観測方法はマーケットによって異なる。まず為替、貴金属、LME等のオプションマーケットではインプライドボラティリティは直接観測することができる。これらのオプションマーケットは基本的に相対取引である。相対取引では各社のオプショントレーダーは、いくつかの仲介業者に依頼してオプションの取引相手を見つけてもらう。通常トレーダーは、自分で取引したいオプションのボラティリティを仲介業者に伝えるだけでオプション価格は直接伝えない。相手もそのボラティリティで取引を希望すればボラティリティ

ベースで取引がいったん成立し、その後お互いのトレーダーがオプション価格についてあらためて同意する。原資産価格が変化すればオプション価格も変化するが、たいていの取引はオプションと原資産をパッケージで行いオプション価格変化を原資価格変化で相殺するような取引である。したがって、トレーダーはボラティリティを優先的に取引しオプション価格については後で同意することができる。

　一方、取引所に上場しているオプションマーケットは、プロもエンドユーザーも参加できるマーケットであるため、ボラティリティで取引することはできない。エンドユーザーは、ボラティリティの高い低いで取引するのではなく、オプションを保険として買ったり、または投資目的で売買取引をしたりすることが多いので、オプションはプレミアムで取引される。ユーザーが保険として使用する場合、自分が支払うことができる金額のオプションを購入する。投資としてオプションを使っているユーザーは、買ったオプションに利益が出ていればボラティリティをそれほど気にせずプレミアムベースでの利益確定を優先する。したがって、取引所のオプションマーケットでは為替、貴金属のマーケットとは異なりインプライドボラティリティを直接観測することはできない。観測方法については、次の(5) b で述べることにする。

(5)　エクセルを用いたオプション価格の計算（Excel_AL参照）

　ブラックショールズの公式を用いてオプション価格をエクセルで計算する場合、あらかじめVBA（Visual Basic for Applications）を使用し関数のかたちで組み込んでおくと便利である。VBAとはプログラム言語の一種でエクセルでは標準で装備されている。なお添付されているエクセルファイルにはVBAを用いてブラックショールズの公式を組み込んでいる。オプション価格を計算する関数は、ALKOM_OptionPriceとして用意してあり、引数を七つ入力すればよい。

a 日経平均オプション

例としてVBA関数を用いて、以下の日経平均オプションのプレミアムを計算する方法を説明する。

取引日	2013年9月12日
日経平均株価	18,063円
行使価格	20,000円
オプション満期（Z3）	2013年12月12日
インプライドボラティリティ	20.00%
配当	1.50%
円短期金利	0.10%

図表2-23　プレミアム計算用関数の入力値

関数名	ALKOM_OptionPrice	入力
引数1	SpotRate	18063
引数2	Strike	20000
引数3	Time	0.25
引数4	Interest	0.10%
引数5	Volatility	20.00%
引数6	Dividend	1.50%
引数7	OptionType	CALL

①引数1…SpotRateには、現在の日経平均価格18,063円を入力する。
②引数2…Strikeには、行使価格20,000円を入力する。
③引数3…Timeには、オプション取引日から満期日までの時間を入力するが、年数として入力する必要があるのでエクセル上では満期日から取引日を差し引いて日数を計算しそれを365日で除した数を入力する。ここでは（2013/9/12）-（2013/12/12）=91で、これを365で割ると0.25となる。

④引数4…Interestには、原資産価格の通貨での短期金利を入力する。日経平均の場合はオプションの対象の円建てであるので円の短期金利を入力する。
⑤引数5…Volatilityには、年率表示されたインプライドボラティリティを入力する。
⑥引数6…Dividendには、株式のオプションを計算する場合はその配当を入力する。日経平均では225種の予想配当をすべて計算し、加重平均をとって入力することになる。
⑦引数7…OptionTypeには、コールかプットの別を入力する。大文字、小文字どちらでもよい。

引数1から引数7までを入力すれば142円という結果を得ることができる。しかし、引数6のDividendを入力するために、われわれは日経平均を構成する225種すべての個別銘柄について将来の配当を予測し計算しなければならない。また、後に述べるデルタヘッジをする際、原資産である日経平均株価は指数であり取引ができない。したがって、実際のトレーディングでは、あたかもオプションの原資産は日経先物であるかのようにオプション価格を計算する。以下、上場オプションを例として計算方法を説明する。

取引日	2013年9月12日
日経先物	12月限月（Z3）価格　18,000円
行使価格	20,000円　コール
オプション満期（Z3）	2013年12月12日
インプライドボラティリティ	20.00％
円短期金利	0.10％

第2章　オプション基礎編

図表2－24　プレミアム計算用関数の入力値

関数名	ALKOM_OptionPrice	入力
引数1	SpotRate	18000
引数2	Strike	20000
引数3	Time	0.25
引数4	Interest	0.10%
引数5	Volatility	20.00%
引数6	Dividend	0.10%
引数7	OptionType	CALL

　引数1のSpotRateとしてオプション満期と同じ満期である先物価格の18,000円を入力する。さらに、引数6のDividendには短期金利と同じレート、このケースでは0.10%を入力する。この2点以外は通常のオプションと同様に計算すればよい。結果として、142円がコールオプションの価格になる。このようにオプションの計算は、原資産においてスポット価格のかわりに先物価格を用いて行うことができる。この点については、4章で再度説明することとする。

b　先物オプション

　先物オプションの価格計算方法は上記日経平均オプションの先物を使った計算方法とまったく同じである。例としてシカゴコーン先物プットオプションを計算してみる。ただし、簡単のためオプションの行使タイプはヨーロピアンとする。

取引日	2013年10月1日
シカゴコーン価格	3月限月（H4） 価格 435セント
行使価格	440プット
オプション満期（H4）	2014年2月21日
インプライドボラティリティ	21.00%
ドル短期金利	0.25%

図表2-25　プレミアム計算用関数の入力値

関数名	ALKOM_OptionPrice	入力
引数1	SpotRate	435
引数2	Strike	440
引数3	Time	0.391781
引数4	Interest	0.25%
引数5	Volatility	21.00%
引数6	Dividend	0.25%
引数7	OptionType	PUT

この例ではプットオプション価格は25.5セントと計算される。

c　為替オプション

ドル円の為替オプションでは、配当のかわりにドル金利を用いる。その他はまったく同様である。以下の例で、コールオプション価格は1円34銭になる。

第2章　オプション基礎編

取引日	2014年1月1日
スポット価格	105円
行使価格	110円　コール
オプション満期（6カ月）	2014年7月1日
インプライドボラティリティ	11.00％
円短期金利	0.25％
ドル短期金利	0.75％

図表2-26　プレミアム計算用関数の入力値

関数名	ALKOM_OptionPrice	入力
引数1	SpotRate	105
引数2	Strike	110
引数3	Time	0.5
引数4	Interest	0.25％
引数5	Volatility	11.00％
引数6	Dividend	0.75％
引数7	OptionType	Call

　いまオプション価格の計算にドル円のスポットレートを使用したが、日経平均のオプションと同様に6カ月先のフォワードレートを使用して計算することもできる。円、ドルの金利を用いて、スポットレートを105にEXP（(0.25％－0.75％)×0.5）を掛けると、104.7378となる。引数6には、ドル金利のかわりに円金利である0.25％を代入すると、コールオプション価格は1円34銭となり、先に計算した価格と一致する。

図表2−27　プレミアム計算用関数の入力値

関数名	ALKOM_OptionPrice	入力
引数1	SpotRate	104.7378
引数2	Strike	110
引数3	Time	0.5
引数4	Interest	0.25％
引数5	Volatility	11.00％
引数6	Dividend	0.25％
引数7	OptionType	Call

　このことから、為替オプションの計算でもスポットレートのかわりにフォワードレートを用いて計算することができる。

d　スワプション

　金利スワップを原資産とするオプションは、これまでのaからcまでのオプションとは少々異なり別のVBA関数を用いなければならない。例として1年5年のペイヤーズのプレミアムを計算する。計算を簡単にするため、1年から20年までのスワップ金利をすべて2.00％とする。

取引日	2013年10月1日
スワップ金利	2.00％
行使価格	2.50％
オプション満期	1年
スワップテナー	5年
インプライドボラティリティ	20.00％

第2章　オプション基礎編

図表2-28　スワプションプレミアム計算用関数の入力値

関数名	ALKOM_SwaptionPrice	入力
引数1	Strike	2.50%
引数2	Expire	1
引数3	Tenor	5
引数4	Curve	セル範囲名
引数5	Vol	20.00%
引数6	OptionType	P

　関数はALKOM_SwaptionPriceとしてエクセルシートに組み込んであり引数は6個ある。このうち引数4のCurveは数値ではなくセルの範囲を指定する。これは金利オプションのプレミアムは、単一のスワップ金利だけでなく、オプション満期にオプションの対象となるスワップのテナーを加えた年限までの金利すべてを用いて計算されるからである。このケースではオプション満期が1年でスワップのテナーが5年であるので1年スワップから6年スワップまでのレートが必要になる。この関数ではマーケットで観測されるスワップ金利からゼロレートと呼ばれるものを計算し、それを各年限の横に並べさらにその横にDF（ディスカウントファクター）を並べたセルの範囲を指定しなければならない。図表2-29のような表をつくりこれを範囲に指定する。

図表2-29　ゼロレートとディスカウントファクター

Expire（Y）	ZeroRate	DF
1	2.00%	0.98020
2	2.00%	0.96079
3	2.00%	0.94176
4	2.00%	0.92312
5	2.00%	0.90484
6	2.00%	0.88692

このように計算された結果は0.145%、すなわち14.5bpsとなる。

e 金利以外のスワップオプション

金利以外のマーケットではスワップを対象とするオプションはスワプションのように日々取引されているわけではない。したがって、こうしたオプションの取引を頻繁に行うことはむずかしく、また価格を直接計算することもできない。

ただ、オプション価格については推測することはできる。以下、コーン先物を参照するスワップのオプションを例に説明する（2(1)e参照)。

4ドルペイヤーズオプションの価格は、2月20日満期、4月20日満期、そして6月20日満期のそれぞれの4ドルコールオプションのプレミアムの合計よりも小さいということが成り立つ。この理由は次のとおりである。まず、4ドルペイヤーズを売却し、そのヘッジでそれぞれの4ドルコールを買ったとする。その後、ペイヤーズオプションが満期日に行使されたと仮定する。このとき行使された側に立つので固定レートの4ドルは受け取る立場になることに注意する。今後、3回4ドルを受け取り変動を支払うことになるのである。各変動レートが4ドル以上であればこのスワップは負けになってしまう。しかし、われわれはいまヘッジとして4ドルコールを保有しているので、変動レートがたとえ4ドルを超えても4ドルを超えた部分はコールオプションの利益で相殺することができる。したがって、スワップとヘッジのオプションを合わせれば負けることのない状態になっている。このような価値のあるコールオプションの組合せがペイヤーズオプションよりも小さければアービトラージされてしまうので、上で述べたことが成り立つのである。

(6) エクセルを用いたオプション価格の計算2

a インプライドボラティリティの逆算

　日経平均のオプションはプレミアムで取引されているので、われわれはインプライドボラティリティを直接観測することはできない。もちろん、プレミアムを重視して取引しているオプションユーザーにとってはインプライドボラティリティは不要な場合もある。また、取引所もその日のクローズ時点のインプライドボラティリティは発表している。しかし、オプションを日々トレーディングし、グリークス管理と呼ばれる手法で管理するトレーダーは、インプライドボラティリティをリアルタイムで観測しなければならない。

　具体例をあげて実際にインプライドボラティリティをエクセルで計算する方法について述べる。日経平均オプションマーケットにおいてプレミアムが観測できた場合にそのインプライドボラティリティを逆算する。

取引日	2013年9月12日
日経先物	12月限月（Z3）　価格　18,000円
行使価格	20,000円　コール
オプション満期（Z3）	2013年12月12日
オプションプレミアム	180円
円短期金利	0.10%

　エクセルに組み込んだ関数はALKOM_ImpliedVolatilityであり、引数は図表2－30のようになる。

　プレミアムを計算する関数ALKOM_OptionPriceとの相違点は引数5だけであり、ここにボラティリティを入力していたが、この関数ではわれわれはここにプレミアムを入力しボラティリティを計算することができる。

図表2-30　インプライドボラティリティ計算用関数の入力値

関数名	ALKOM_ImpliedVolatility	入力
引数1	SpotRate	18000
引数2	Strike	20000
引数3	Time	0.25
引数4	Interest	0.10%
引数5	Premium	180
引数6	Dividend	0.10%
引数7	OptionType	CALL

　計算結果は21.70％となる。実際のトレーディングでは、SpotRateに入力する日経先物価格をリアルタイムにアップデートすることによって、インプライドボラティリティを連続的に観測する。仮に、180円でオプションを買うつもりでマーケットに買い注文を出していた場合、プレミアムは変化しなくても日経平均が変化すると、そのインプライドボラティリティも変化する。インプライドボラティリティで割安だと思っていたものが、日経平均が下がることによって割高になるので、リアルタイムで観測する必要がある。

b　オプション価格とインプライドボラティリティ

　オプションプレミアムとインプライドボラティリティは1対1の対応になっている。(5)aと(6)aで計算したように、日経平均価格が与えられたとき、インプライドボラティリティが決まればプレミアムは一意的に決まった。また、逆にプレミアムを与えればインプライドボラティリティも一意的に決まる。このような性質があるのでトレーダーはオプション価格そのものをみるのではなく、インプライドボラティリティをみてトレーディングを行う。

　オプションをプレミアムベースでみた場合、3(1)で述べたようにわれわれはイントリンシックバリューとタイムバリューに分解し、タイムバリューだ

けを取り出すことはできる。タイムバリューはオプションの価値を直接表すものであり、トレーダーはこれをみて高い安いの判断をできるかもしれない。しかし、それでも行使価格や満期日の異なるオプション同士を比較する場合、または現在取引しているオプションを過去のデータ、他のマーケットなどと比較したりする場合には、インプライドボラティリティを用いるほうが便利である。

4 オプション価格の変化

(1) **グリークス**（Excel_AL参照）

われわれはオプション価格はいくつかの変数を入力すればエクセルで簡単に計算できることがわかった。特にオプション価格を決める主な要素は、原資産価格、行使価格、満期までの時間、インプライドボラティリティの四つであった。このうち行使価格は契約事項なので変化することはないが、他の要素は変化しうるものである。オプション満期までの時間は日々の変化量としては一定であるが、原資産価格とインプライドボラティリティはマーケットで観察されるものであった。したがって、マーケットの動き次第でこれらの変数はいろいろな値に変化し、それに伴ってオプション価格も変化する。われわれはエクセルに組み込んだ公式によってオプション価格を計算できるのだから、その変化を定量的にとらえることができる。この量をグリークスと呼び、オプショントレーディングをするうえでは、マーケットが動いたときにオプション価格がどのように変化するか、すなわちグリークスをあらかじめ知っておくことは非常に重要である。

原資産価格が変化したときのオプション価格の影響度合いをデルタと呼ぶ。また、インプライドボラティリティの変化によるものはベガと呼ぶ。その他セータ、ローなどのさまざまなグリークスがある。また、グリークスを

得るための方法には、オプション価格をそれぞれの要素で微分する方法もあるが、ここではまず他の方法でアプローチする。

a　デルタ

　オプション価格を決める要素のなかでいちばん変化が大きいものは原資産である。マーケットがオープンしている間たえず原資産価格は変化しているので、そのオプション価格も原資産価格が変化するごとに変化する。それゆえトレーダーはデルタ量を最も重要視する。

　デルタの定義は原資産価格が1単位動いたときにオプション価格がいくら動くかである。ただ、実際の計算ではドル円の為替レートなど原資産価格1単位分が非常に大きい場合もあるので、原資産価格を十分小さな量だけ変化させ、そのときのオプション価格の変化量を原資産価格の変化量で割り算することで計算できる。

　実際にエクセルを使い、日経平均オプションのデルタを以下の例で計算してみる。

```
取引日                     2013年9月12日
日経先物                   12月限月（Z3）　価格　18,000円
行使価格                   20,000円　コールオプション
オプション満期（Z3）        2013年12月12日
インプライドボラティリティ  20.00%
円短期金利                 0.10%
```

　オプション価格は公式により142.44円となる。ここで日経平均価格を1円上げて18,001円とおき再びオプション価格を計算すると142.60円となり、オプション価格の変化幅は0.16円となる。今度は先物価格を1円下げ17,999円とし再度計算すると、142.28円となり142.44円からの変化幅は0.16円となる。この0.16という量をデルタと呼ぶ。

第2章　オプション基礎編

　日経平均価格が1円上がったにもかかわらず、オプション価格は0.16円しか上がらない。ということは、日経平均を0.16単位分しか保有してないという意味である。別の言い方をすれば、日経平均価格とオプション価格の変化の比率は0.16である。したがって、デルタ16％という言い方もよく使われる。デルタが16％のコールオプションを100単位保有していれば、原資産換算で16単位保有していることになる。また、デルタが10％のプットを200ロット保有していれば原資産換算で20ロット分ショートになっている。なお、プットの定義を思い出せば、プットとは売る権利でありそれを保有していれば将来先物を売る可能性があるのでショートになる。また、自明であるが、原資産自体は、原資産価格が1円上昇すれば原資産価格も1円上昇するのでデルタ100％である。

　さて、ここでもう一つ為替オプションの例を計算する。

取引日	2014年1月1日
スポット価格	105円
行使価格	110円　コールオプション
オプション満期（6カ月）	2014年7月1日
インプライドボラティリティ	11.00％
円短期金利	0.25％
ドル短期金利	0.75％

　日経平均オプションと同様に計算する。オプション価格は1.34円であるが、原資産であるドルを1円上げ106円でのオプション価格は1.63円、また1円下げて計算すると1.08円となる。したがって、1円上げたときのデルタは1.63−1.34で29％、下げたときのデルタは1.34−1.08で26％となる。このようにドル円のオプションでは上下でオプションデルタが大きく異なる。1円という単位は日経平均では大きな動きではないが、為替では大きな単位であるからである。

そこで、1円のかわりに0.01円上下させオプション価格の変化を計測し、後で結果を0.01円で割り算する。この場合の計算結果は上下とも28％となる。一般的にデルタを計算するときの原資産価格の変化幅の目安は、その原資産価格の0.01％前後、そのマーケットでの最小変動単位くらいである。

また、いま28％というデルタ値を小数第2位まで表示させると上下それぞれ27.63％、27.59％とまだ若干異なっている。そこでデルタの計算では上下の変化の平均をとることが多い。なお、関数解析によると、上下の平均をとって計算をしたデルタの数値は、微分して計算した値により近いものになることが知られている。

以上をまとめると、デルタの計算は、原資産価格の0.01％の量をEとすると、オプション価格（原資産価格＋E）からオプション価格（原資産価格－E）を差し引いて2で割り、さらにEで割ることで得られる。

さらに、デルタの計算方法として直接デルタを計算する関数を用いる方法もある。今回はエクセルVBAに関数ALKOM_OptionDeltaを組み込んでいる。

この関数の引数は、3⑸で述べたオプション価格を計算する関数ALKOM_OptionPriceとまったく同じである。したがって、いま日経平均オプションのデルタを求めるために引数は、図表2－31のようになる。なお、

図表2－31　デルタ計算用関数の入力値

関数名	ALKOM_OptionDelta	入力
引数1	SpotPrice	18000
引数2	Strike	20000
引数3	Time	0.25
引数4	Interest	0.10％
引数5	Volatility	20.00％
引数6	Dividend	0.10％
引数7	OptionType	Call

結果は小数第1位まで表示させると15.8%になる。

デルタの意味はこれまで述べたように原資産換算でいくら保有しているかということであった。別の解釈として、かなりラフな表現であるが、デルタは将来オプションが行使される確率を表現しているとも考えられる。デルタが50%ならばこのオプションが行使される確率は50%、デルタが5%ならば5%の確率で行使される。もっとも実際の確率はこれよりも小さい。

b　ベガ

原資産価格の次にマーケット変数で変化するのがインプライドボラティリティである。この量は、3(4)で説明したようにマーケットによって直接観察される場合とオプション価格から逆算しなければならない場合がある。プレミアムしか観測できないマーケットの場合、原資産価格は常に変化しているので、トレーダーはインプライドボラティリティの変化をみるために常に逆算している。もっとも、インプライドボラティリティの変化は、マーケットやオプション満期によるが、大きく動いて1～2%ぐらいであり、普段1日の動きは1%未満であるとイメージしておけばよい。

ベガリスクとはインプライドボラティリティが1%変化した場合のオプション価格の変化量である。実際の計算ではデルタ計算と同様に変化幅を0.1%程度にとりオプション価格の変化量を0.1で割り返す作業をする。また、0.1%上げたときと下げたときの両方の平均値をとるのが望ましい。

またベガを直接計算する関数はALKOM_OptionVegaであり、図表2－32のとおりである。引数はすべてオプション価格、デルタを求めるときと同じである。

引数として図表2－32の数値を入力すると21.7と計算される。関数の計算結果そのものは実金額であるので、1%インプライドボラティリティが上昇するとこのオプション価格は21.7円上昇するという意味である。

図表2-32 ベガ計算用関数の入力値

関数名	ALKOM_OptionVega	入力
引数1	SpotPrice	18000
引数2	Strike	20000
引数3	Time	0.25
引数4	Interest	0.10%
引数5	Volatility	20.00%
引数6	Dividend	0.10%
引数7	OptionType	Call

c　ガンマ

　aで説明したようにデルタとは原資産価格とオプション価格の変化の比率であったが、デルタ自身も原資産価格の水準によって変化する。このことは直接デルタを求める関数ALKOM_OptionDeltaを用いればすぐに確かめることができる。aの例では日経平均価格が18,000円のときデルタは16％であったが、かわりに19,000円としてデルタを再計算すると32％となり、また日経平均価格が17,000円では6％と計算される。

　このように原資産価格の水準によりデルタ自身は大きく変化する。デルタの別の解釈は、おおまかには行使する確率と述べたが、原資産価格が上昇すればコールオプションを行使する確率は上昇し、原資産価格が下がった場合は確率は下がる。したがって、原資産価格の水準によりデルタも変化することは想像がつく。

　このようにデルタは変化するものであるが、デルタのとりうる値の範囲について例をあげて考えてみる。満期が明日になった行使価格20,000円のコールオプションを保有しているとする。いま日経平均が25,000円で取引されているとすると、明日株価が急落し20,000円以下になってしまうということはない。したがって、このコールオプションを行使する確率はほぼ100％であ

るからデルタは100％である。オプションと日経平均の変化率は1対1であるので、われわれは単に日経平均を同数量保有しているのと同じ状態である。今度は日経平均価格が10,000円だとすると、20,000円のコールオプションを明日行使するチャンスはないであろう。したがって、オプションのデルタ量はゼロである。原資産に換算すれば何も保有していない状態である。このようにデルタとはゼロから100％までの間の数値であり、100％を超えることはない。

　また、デルタはオプション満期が短いときに最も変化しやすい。先と同じ例で日経平均がいま20,000円で取引されているとする。明日、日経平均が20,000円以上になっているかそうでないかは、現時点では五分五分であるからデルタは約50％である。しかし日経平均価格が19,500円まで下落すると、明日1日で500円戻すことはなかなかむずかしいので感覚的に行使確率はかなり下がり、デルタも小さくなる。また逆に、日経平均価格が20,500円まで上昇すれば明日相当なチャンスで行使できるのでデルタは大きくなっている。満期が短く原資産価格が行使価格近辺で変動するような状態ではデルタは非常に変化しやすいことがわかる。逆に、満期が1年あるケースでは、いま日経平均が19,500円でも20,500円でも1年後20,000円コールを行使するかどうかは大差ない。今後1年で日経平均が変動する範囲は非常に大きいからである。したがって、デルタはあまり変動しない。

　このようにオプションのデルタは変化するので特に短いオプションを保有しているときは、原資産価格が変化した際のオプションのデルタ変化をあらかじめ調べることは非常に重要である。1単位原資産価格が変化したときのデルタの変化量をガンマと呼ぶ。

　aの例で日経平均価格が18,000円のときのデルタを計算し16％を得たが、今度は日経平均価格を18,001円とおきデルタを直接計算できる関数を用いて計算し、小数第3位まで表示すると15.788％、また日経平均価格を17,999円とすれば15.761％となる。そこで差をとり平均すれば0.013％となる。この

0.013%がガンマである。日経平均価格が1円上昇するとデルタ量は0.013%増加し、逆に1円下落すれば0.013%分のデルタが減少するということである。

　aの例のオプションを仮に100ロット保有してる場合、デルタは小数第3位まで表示すると15.775%であるので、15.775ロットの日経平均をロングしていることと同じである。しかし、日経平均価格が1円上昇し18,001円になるとオプションデルタは15.788%になり、15.788ロットのロングになるということである。日経平均価格が上昇すると、追加で日経平均を買うことなく、次第に保有している日経平均換算数が増加していく。ただし、前述のようにデルタの上限は100%であるので、このオプションの日経平均換算数は最大で100ロットまでとなる。

　いまみたようにオプション保有者のデルタは、原資産価格が上昇すると増加し下落すると減少する。このことはオプション保有者にとって非常に有利である。価格上昇時に原資産の保有量が増加するということは、理論上増加した分と同じ量の原資産をマーケットで売却すれば利益を出せるということである。また、売却後に原資産価格が下落に転じるとオプションのデルタも減少するので、その売却した原資産を買い戻すことができる。このようにオプション保有者はデルタ量に合わせて原資産の売買を繰り返すだけで利益を得ることができる。これをガンマトレードと呼び、この状態をガンマロングという。3章のトレーディングシミュレーションで体験する。

　なお、一般的にガンマの計算は、デルタの計算と同様に原資産価格の水準により、原資産価格を変化させる幅のとり方が異なる。原資産価格の0.01%の量をEとすると、デルタ（原資産価格+E）からデルタ（原資産価格-E）を差し引いて2で割り、さらにEで割ることで得られる。

　ここでもガンマを直接計算できる関数ALKOM_OptionGammaを用意している。引数は、図表2-33のとおりである。

第2章　オプション基礎編

図表2-33　ガンマ計算用関数の入力値

関数名	ALKOM_OptionGamma	入力
引数1	SpotPrice	18000
引数2	Strike	20000
引数3	Time	0.25
引数4	Interest	0.10%
引数5	Volatility	20.00%
引数6	Dividend	0.10%
引数7	OptionType	Call

　また、このようにして得られたガンマ量に原資産価格を乗じさらに100で割って得られる数をみることもある。日経平均オプションの例では0.013%×18,000円÷100で2.41%となる。これは原資産が1％変動したときのデルタの変化量という意味である。原資産が一つのときは、単位当りのガンマを使用しトレーディングするほうが便利である。しかし、取り扱う原資産がさまざまなものになるとき、たとえば日経だけでなく海外の株価指数オプションも同時にトレーディングする場合など、原資産の変化を変化率でとらえ1％当りのガンマを使用することで、それぞれの株価指数オプションのリスクを比較することができる。

d　セータ

　オプション価格は時間の経過によっても変化する。時間が経過すればオプション満期日までの原資産価格の変動要因は減少するので、オプションのタイムバリューは小さくなる。したがって、オプションを保有しているトレーダーにとって、1日当りオプション価格がいくら下落するかという金額は非常に重要である。時間の経過によるオプション価格の変化量をセータと呼ぶ。

　一般的なセータは単位時間当りの変化量であるが、時間の1単位は1年で

あり、オプション満期よりも長いこともある。そのためここでは、前日のクローズ時点のオプション価格と当日のマーケットがオープンする前の価格差を計算し、それをセータとしている。言い換えれば、オプション価格を求める公式において時間のみ1営業日分短いものを入力し、後の引数はすべて同じものを使用するということである。また、デルタのときのように1日前と1日後を計算し平均をとる必要はない。

　aのサンプルのセータを計算する。日経平均価格である18,000円、インプライドボラティリティ20.00％などの引数は前日のクローズ価格とし、また前日からオプション満期までの時間は1日分、すなわち0.0027年を加え0.2527とすることで前日のクローズ時点のオプション価格144.82円を得る。一方、当日のマーケットオープン前のオプション価格は、原資産価格やインプライドボラティリティなどは前日レートはそのまま使用し、時間を0.25年に戻すことで142.44円を得る。したがって、この差額2.38円が1日分のセータとなる。

　また、他のグリークス同様にセータを直接計算する関数ALKOM_OptionThetaもある。入力方法はすべて同じである。

図表2-34　セータ計算用関数の入力値

関数名	ALKOM_OptionTheta	入力
引数1	SpotPrice	18000
引数2	Strike	20000
引数3	Time	0.25
引数4	Interest	0.10％
引数5	Volatility	20.00％
引数6	Dividend	0.10％
引数7	OptionType	Call

e　セータとガンマ

　オプションを買うとガンマロングになり、セータは支払いになる。ガンマロングとは、マーケットが変動すれば必ずデルタポジションは有利な方向へ変化し利益が出る状態であった。ただし、そのような有利な状態に対してトレーダーは対価を支払っているはずで、それがセータの支払いである。オプショントレーディングにおいて、オプションのロング戦略とは、日々、セータ分の金額を支払い、ガンマトレードを行って支払ったセータ以上の利益をあげることである。仮にその日、マーケットが凪の状態になりまったく動かないと利益はあがらず、セータを支払った分がそのまま損失となる。逆にマーケットが大荒れになれば支払ったセータの数十倍の利益をあげることもできる。

　もちろん、逆にオプションを売却しセータを確保するようにトレードしてもよい。この場合、トレーダーはネガティブガンマになり原資産価格が上昇すれば原資産を買い、下落時には原資産を売却する。マーケットの上下の動きに従って原資産を売買するとそれだけ損失になるので、トレーダーは工夫して原資産を売買しなければならない。基本的に1日1回だけ原資産の売買を行い、イベントなど特殊要因で方向感に変化があれば追加で売買するというような戦略をとりセータを確保する。

f　デルタディケイ

　その他グリークスで注意が必要なものにデルタディケイがある。ガンマは原資産価格の変化とデルタの変化量の比であったが、デルタディケイは時間の経過によるデルタの変化量のことである。とくにオプションの満期日が近く週末をはさむ場合、時間の経過によるデルタの変化が大きいので、トレーダーはデルタディケイのリスクを重要視する。

　以下、例でデルタディケイのリスクをみてみる。

本日	3月1日(金曜日)
先物価格	17,900円
行使価格	18,000円　コールオプション
オプション満期	3月4日(月曜日)
インプライドボラティリティ	20.00%
円短期金利	0.10%

　3月1日のクローズ時点のデルタは時間を3日分、0.0082年として計算すると38.3%である。一方3月4日のマーケットがオープンする前のデルタは時間を0.25日、0.0007年とすれば14.4%である。なお、通常システムでは満期当日の時間は0とカウントされデルタは0%か100%になってしまうので、ここでは0.25日として計算した。

　このような場合、トレーダーは3月1日のクローズ直前に38.3%と14.4%の差であるデルタ量23.9%分の日経平均を売ることによって調整しておく。休日の間マーケット取引は存在しないが、これまで休日の間に金融機関の破綻など予期せぬイベントが起こりマーケットのセンチメントが急変するようなこともあった。こうした場合、3月4日のマーケットのオープン価格は3月1日のクローズ価格とはまったく異なった値段になることもある。したがって、デルタをあらかじめ調整しておくことで、3月4日の朝にみるデルタ量は3月1日のクローズ時点でみていたデルタ量と同じになるので、トレーダーは連続的にリスク管理ができる。

g　その他のグリークス

　aからfまでデルタ、ベガなどのグリークスと呼ばれるリスク量をみてきた。これらのリスク量自身もオプション価格同様に原資産価格やインプライドボラティリティが変化すれば変化する。その一例は、cで述べたガンマリスクである。これは原資産価格が動いたときのデルタ量の変化であった。同

様にインプライドボラティリティが動いたとき、デルタ量の変化も考えられる。また、1日時間が経過するごとにデルタ量は変化する。この変化量は、fで述べたデルタディケイであった。金利が変化しても微小ながらデルタは変化する。また、ベガリスクそのものも原資産価格が動けば変化するし、インプライドボラティリティが動けばガンマのときのように動くものである。こうした量はすべてグリークスと呼ばれ理論上無限に考えられる。しかし、すべてのグリークスを把握することは無理であり、また最も重要なことに、グリークスはリスク管理を単純化するためのものであるから、無数のものを把握することに意味はない。実際のオプショントレーディングにおいては、これまで述べたデルタ、ベガ、セータ、ガンマでほぼ十分である。のちに疑似体験するオプショントレーディングを行えば、その他のグリークスはほぼ不要なことがわかる。

h　グリークスのまとめ

以上を表にまとめると、図表2-35のようになる。

ローというグリークスは金利が変化したときのオプション価格の変化量である。政策金利の変更などの期待が高まったときにみる程度でよいだろう。

また、その他のグリークスではバンナ、ボルガなども比較的有名である。

図表2-35　各グリークスの意味

名前	変化させる量	観測する量	単位
デルタ	原資産価格1単位	オプション価格	数量（％）
ベガ	インプライドボラティリティ1％	オプション価格	金額
セータ	1日経過	オプション価格	金額
ロー	金利が1％	オプション価格	金額
ガンマ	原資産価格1単位	デルタ	数量（％）
デルタディケイ	1日経過	デルタ	数量（％）

図表2-36　その他のグリークス

	オプション価格	デルタ	ベガ
原資産価格	デルタ	ガンマ	
インプライドボラティリティ	ベガ	**バンナ**	**ボルガ**
時間	セータ	デルタディケイ	
金利	ロー		

表は縦が変化させる量、横を観測する量としたときのそれぞれのリスクの名前である。バンナはインプライドボラティリティを変化させたときのデルタの変化量、ボルガは同じくベガの変化量のことである。

(2) ストラテジー取引

われわれは、しばしばオプションを複数個同時にパッケージとして取引することがある。オプションのパッケージ取引をストラテジー取引と呼ぶ。代表的なストラテジーはストラドル、ストラングル、カラーなどがある。

a　ストラドル取引

ストラドル取引とは同じ行使価格のコールとプットを同時に売却、または購入する取引である。また金利オプションでは、ペイヤーズとレシーバーズを同時に売買するときも先物オプション同様ストラドルという。特に、アットザマネーの行使価格のストラドルを取引することが多い。ストラドルを購入した場合、同じ行使価格のコールとプットを購入しているので、満期日には必ずどちらかを行使することができる。ストラドルの保有者はマーケット価格より有利な行使価格で得られた原資産を手仕舞うことで、満期日の原資産価格と行使価格の差を受け取ることができる。ストラドルからの収益は、購入時に支払ったオプションプレミアムと行使後に受け取った金額との差になる。

ストラドル保有者は原資産がオプションプレミアムに比べ、行使価格から動いていなければ損失となる。実際にこの取引を行う場合、われわれは満期日に原資産がどれほど動くのかを予測しなければならず、その動く幅の推測はオプション満期が長ければ長いほどむずかしい。また、ストラドルを売却する場合、まったく想定外のイベントが起こると、予想外のレンジに原資産価格が動き損失も大きくなる。マーケットの想定レンジに対する強い見通しがある場合に使う。

b ストラングル取引

アットザマネーよりも高い行使価格のコールと低い行使価格のプットを同時に売却、または購入する取引である。行使価格がアットザマネーよりも離れている分それぞれのオプション価格は安くなる。ストラドルと比較すると、売りの場合は勝率が高くなる分リターンは低くなる傾向にある。

c カラー取引

カラーの買いとは、アットザマネーの行使価格よりも高い行使価格のコールを買い、アットザマネーの行使価格より低いプットを売却することである。アットザマネーから行使価格までの距離をプットとコールで同じように設定するのが一般的である。オプションの売りと買いを同時に行うのでオプションプレミアムの合計は小さい。オプションプレミアムの合計がゼロになるように行使価格を調整したカラーはゼロコストカラーと呼ばれている。

カラーの買いポジションでは、オプションの満期時点において原資産価格が現在の価格近辺であれば、ペイアウトは発生しない。一方、原資産価格がコールの行使価格以上に上昇した場合、このカラーのユーザーはその分を利益化することができるので価格上昇に対してヘッジをすることができる。また、原資産価格がプットの行使価格以下に下落した場合、経済的にプットの行使価格で原資産を購入することになるので、ユーザーは許容できる行使価

格に設定する必要がある。

d　コールスプレッド、プットスプレッド

　原資産価格の上昇をヘッジするためにコールオプションを購入する方法があるが、マーケットが荒れているなどの理由でインプライドボラティリティが上昇しているなかでは、プレミアムが高く予算が不足するときがある。そのような場合、コールの買いに売りも組み合わせ、インプライドボラティリティの影響を小さくする戦略、コールスプレッドが有効である。たとえば、14,000円コールを買うと同時にその行使価格よりも高い15,000円コールを売却するというパッケージ取引を行えば、インプライドボラティリティの割高な部分がかなり相殺される。したがって、ユーザーはインプライドボラティリティの水準にあまりセンシティブにならず取引できる。当然トータルのオプションプレミアムの支払額は単独のオプションより安くなる。その一方で売却したコールの行使価格以上のプロテクションはないので、価格が極端に上昇した場合ユーザーの利益は限定的になってしまう。マーケットを普段からモニターできるユーザーは、売却したコールオプションを満期までに安く買い戻せるチャンスをみることもできる。また、この応用として6章2(1)で述べる自動解約付オプションの売却という手段もある。

(3)　グリークスの応用

a　ダイナミックヘッジ

　(2)で代表的なストラテジー取引を述べたが、これらの取引は一度売買を行うとそのまま満期まで保有し、途中それに対するヘッジなどは行わない。ストラテジー取引の時価は日々変動するが、最終的なペイアウトは満期日の原資産価格にのみ依存する。したがって、ユーザーはこれらのストラテジー取引に入る前に、原資産価格ごとの満期日における損益を把握することができる。このときユーザーにとって許容できない損失が起こりうるのであれば取

引すべきではない。

　このように、ストラテジー取引を満期まで保有しその効果を期待するユーザーは、グリークスを積極的にみて日々のオプション価格の変化を追う必要はあまりない。一方、常にトレーディングデスクにおいてマーケットをモニターしているトレーダーは、満期まで保有する必要はなく、異なった戦略をとることができる。マーケットの状況に応じて取引を加えていく方法をダイナミックヘッジと呼び、以下のような取引がある。

b　デルタニュートラル取引

　3(4)で述べたが、オプショントレーダーのトレード目的の一つはインプライドボラティリティを取引し利益をあげることであった。しかし、われわれは実際のマーケットにおいてインプライドボラティリティそのものを取引することはできないので、デルタニュートラル取引を行いボラティリティのポジションをとる。

　デルタニュートラル取引は、インプライドボラティリティが過去のヒストリカルボラティリティに比べ、大きくかい離している場合に有効な戦略である。ヒストリカルボラティリティが、低くかつ今後も原資産価格はレンジ相場という見通しであるにもかかわらず、オプションマーケットだけが過熱気味になっている状況であればオプションを売却しデルタをヘッジする。売却するオプションはコール、プットどちらでもよいが、オプションから発生するデルタをゼロに保つために原資産の売買も同時に行う。

　以下の例のオプションを用いてデルタニュートラル取引を行ってみる。

取引日	2013年9月12日
日経先物	2月限月（Z3）　価格　19,500円
行使価格	20,000円　コールオプション
オプション満期（Z3）	2013年12月12日
インプライドボラティリティ	20.00%
円短期金利	0.10%

　このオプションを100ロット売却しデルタニュートラルにするために、われわれはまずデルタを計算する。デルタは41.9％であるので、このオプション100ロット売却から発生するデルタはショート41.9ロットである。したがって、先物を19,500円で42ロット買うことでデルタニュートラルにすることができる。

　いまコールオプションを用いてデルタニュートラル取引を行ったが、同じ行使価格のプットを用いてもまったく同じリスクの取引をすることができる。20,000円プットのデルタはエクセルで計算すると58.0％になるので、100ロットプットを売却し今度は先物を58ロットほど売却する。なお、プットを売却するとデルタはロングになることに注意する。どちらのケースでもベガのリスクは約380万円、セータは約41万円、ガンマも1円当り0.02ロットになり、われわれが期待しているグリークスのリスクは同じになる。

　この取引を行った後、もしマーケットが動かなければセータ分約41万円が翌日収益となる。一方マーケットが上昇した場合、オプションと先物の合計のデルタはマイナスになるのでデルタをゼロに保つためにトレーダーは先物を買い戻さなければならない。その場合ガンマPLで損失を計上することになる。セータは収益、ガンマPLは損失となり、その合算がその日のPLとなる。もちろん先物が下落した場合も同様のPLになる。

　原資産価格の上昇によるガンマの損失額とセータの収益がちょうど一致する原資産価格の上昇幅をブレークイーブンポイントと呼ぶ。なお、ブレーク

図表２−37　デルタニュートラル取引のグリークス

SpotPrice	19,500	19,500
Strike	20,000	20,000
Time	0.25	0.25
Interest	0.10%	0.10%
Volatility	20.00%	20.00%
Dividend	0.10%	0.10%
OptionType	Call	Put

lot	−100	−100
Delta	−41.9	58.0
Vega	−3,810,224	−3,810,224
Gamma	−0.02	−0.02
theta	417,300	417,163

　イーブンポイントは、次の(4)で述べるPLの計算方法を応用する。まず、ブレークイーブンポイントをζ円とおくと、われわれが行った取引からのガンマPLは0.02×ζ×ζ×1000÷2となる。この金額がセータの金額である41万円に等しいので、平方根を開いてζ＝204円となる。
　オプションを売却する戦略では原資産価格がその日ブレークイーブンポイントの値幅以内であれば勝つことができる。このようにダイナミックヘッジでは、1日1日を区切って原資産とオプションの取引を行うので、オプションの満期日のペイアウトよりも当日のPLの積重ねが重要になる。

c　デルタベガニュートラル取引
　デルタベガニュートラル取引では、われわれはインプライドボラティリティの取引をさらに細かく行うことができる。5の(3)で述べるがオプションは行使価格、満期ごとにそのインプライドボラティリティが異なっている。特に、同じ満期のオプションで行使価格によってインプライドボラティリ

ティに極端な差がある場合、収益機会がある。たとえば、18,500円プットのインプライドボラティリティが27％に対して、18,000円プットのインプライドボラティリティが31.5％だとする。その場合われわれは18,500円プットを1単位買い、そのベガリスク量を計算する。この量と同じになるように18,000円プットの売却数量を決める。この二つの取引を組み合わせるとベガリスクの合計はゼロになっている。ただし、それぞれのオプションからのデルタが発生しているので、その総量を計算し最後に先物を売買することによってデルタ量を相殺する。これでデルタニュートラル、ベガニュートラル取引になる。

　このような取引を行うメリットの一つは、インプライドボラティリティの差が縮小する機会をねらえることである。マーケットの変化によりそれぞれの行使価格のインプライドボラティリティが同じ幅で動いたとしても、このパッケージ取引のPLはほぼゼロである。また、当然のことながら、先物が動いたとしても、やはりPLはほぼ変わらない。われわれはインプライドボラティリティの差のみに着目しそこからの収益機会に集中できるのである。

　もう一つのメリットは、この取引のガンマとセータである。

取引日	2013年9月12日
日経先物	12月限月（Z3）　価格　19,500円
行使価格	18,500円　インプライドボラティリティ　27.00％
行使価格	18,000円　インプライドボラティリティ　31.50％
オプション満期（Z3）	2013年12月12日
円短期金利	0.10％

　上記の例で18,500円プットと18,000円プットのグリークスを計算する。

　18,500円プット100ロット買いに対し18,000円プットを107ロット売ることで、ベガはニュートラルになる。デルタは2.6ロットほどショートになるので3ロット買うことでデルタもニュートラルにすることができる。このとき

図表2-38　デルタベガニュートラル取引のグリークス

SpotPrice	19,500	19,500
Strike	18,500	18,000
Time	0.25	0.25
Interest	0.10%	0.10%
Volatility	27.00%	31.50%
Dividend	0.10%	0.10%
OptionType	Put	Put

lot	100	(107)	合計値
Delta	－32.4	29.8	－2.6
Vega	3,503,270	－3,503,378	－108.2
Gamma	0.01	－0.01	0.002
theta	－517,998	604,373	86,375

ガンマの合計値は0.002ロットプラス、セータは8万円プラスになる。(1)で述べたが、単体のオプションを買うと必ずガンマはロングになり、セータはショートになる。しかし、このようなパッケージ取引ではガンマはロングになり、かつセータもプラスになる場合がある。オプションの基本はセータ対ガンマの差であったが、このケースでは双方ともプラスに働きトレーダーにとって非常に有利な状況になっている。

(4) PLの計算方法

a　PLの近似

　ダイナミックヘッジを行うトレーディングでは日々の収益管理が重要である。トレーダーは日々取引を追加していくため、収益は満期日の原資産価格だけではなく、途中で行った取引価格も関係してくるからである。取引全体の損益を把握するには、すべての取引の日々の損益を計算しそれらを足し合わせる。具体的には昨日のマーケットクローズ時点のオプション価格と本日

のクローズ時点のそれとの差が当日のPLとなるので、これらを足しあげていくことになる。

グリークスとはそれぞれの変数が1単位動いたときにオプション価格がどれほど変化するかであった。ということは、これらを用いてオプション価格の変化、すなわち当日のPLを近似的に計算できるのではないだろうか。ここで注意するのはあくまでもPLであってオプション価格そのものではない。5(2)で述べるが、複数個のオプションをまとめて管理するためにはグリークスでの近似が重要になる。

b　デルタPL

デルタPLとはオプションのデルタリスクから発生するPLである。たとえば、ある先物オプションが100ロットあり、そのデルタが25%であったとすると、このオプションのデルタリスクは先物換算で25ロット分である。1日で先物価格が20動いたとすれば、25に20を掛けて得られる数に1ポイントバリューを掛けるとPLが得られる。デルタPLは原資産価格の変化によるオプションPLの一部である。

c　ベガPL

ベガPLとはオプションのベガリスクから発生するPLである。ベガリスクはインプライドボラティリティが1%上昇したときのオプション価格の変化量であったから、ベガPLはベガリスクにインプライドボラティリティの変化量を乗ずることで得られる。あるオプションのベガリスクが1,000ドルあり、前日のクローズから当日のクローズまでインプライドボラティリティが25%から25.5%に上昇していたとすると、1,000ドル×0.5＝500ドルがPLとなる。

なお、実際にベガPLを計算する際には、そのオプションのボラティリティを5(4)で述べるボラティリティマトリックスから抜き出して計算する。

第2章　オプション基礎編

ボラティリティマトリックスとはすべての満期、行使価格のオプションのボラティリティをカバーしているデータのことである。

d　ガンマPL

ガンマPLはデルタ、ベガPLとは計算方法が異なり、2段階で計算する。はじめに原資産価格の変化による原資産の数量の増減を計算する。この増減した分の原資産のPLがガンマPLとなる。ただし、原資産の数量は、原資産価格が変化するにつれ徐々に増加ないしは減少するので、デルタPLのように数量に価格変化分を乗ずると正しい結果にならない。原資産価格が上昇し始めたときに増加した分の原資産のPLは多く、原資産価格が上昇し終わるときに増加した分のPLは少ないからである。原資産価格が10上昇したとすると、初めの1で増加した分の原資産のPLは9あり、最後の9で増加分のPLは1しかない。したがって、原資産の数量の増減に価格変化分を乗じそれを2で割ることでガンマPLを得ることができる。

具体例として、先物オプション100ロットを保有し、そのガンマリスクを0.005とする。先物が20上昇した場合、ガンマリスク0.005に、この20と100ロットを乗じた値10ロットがデルタの増加分である。この10ロット分の先物の価格が20上昇したので10に20を乗じ最後に2で割って得られた100がガンマPLである。

e　セータPL

セータPLとは、前日のクローズから本日のクローズまでの時間経過によるオプションのPLである。特に、月曜日は週末をはさむので3日分を計上する。休日をはさむ場合でも1日分のセータに休日の日数分を乗じて求める。

f　オプションPLの内訳

実際のオプションPLは当日のオプション価格と前日との差であった。デ

ルタPL、ベガPLなど各グリークスから計算されるPLを足し合わせると実際のPLを近似することができる。実際のPLと、この近似PLとの誤差をレシデュアル（Residual）PLまたはアンエクスプレインド（Unexplained）PLなどと呼ぶ。

グリークスから計算されるPLはその性質上、理由がはっきりとしている。デルタPLはデルタリスクがあるからPLが発生する。したがって、レシデュアルPLが小さければ当日のオプションPLはほぼ保有しているリスクから説明することができる。それと同時にわれわれは明日以降オプションを管理するうえで、どのリスクを調整すればよいかがわかるということである。

たとえば、デルタニュートラル戦略を行い、当日のPLが－100だったとする。そのときグリークスから計算されるPLがデルタPLが0、ベガPLが10、ガンマPL15、セータPLが－120とする。

図表2－39　デルタニュートラル戦略のPL例

実際のPL	－100
デルタPL	0
ベガPL	10
セータPL	－120
ガンマPL	15
レシデュアルPL	－5

レシデュアルPLは実際のPL－100と各グリークスからのPLの差である－5となり全体のPLに比べ十分小さい。われわれは、この結果をみると、PLのほぼすべてがセータに起因していることがわかる。もし、今後損失を出したくないと思えばセータのリスクを減らせばよい。

さらに、われわれはこのセータPL120に対してガンマPLが15しかないことがわかる。4(1)eで説明したようにセータを支払った場合ガンマPLでその分を回収しなければいけないが、この日はマーケットが期待したほど変動

4　オプション価格の変化　87

しなかったためPLはマイナスとなったという説明ができる。そして、明日も本日と同じようなマーケットであれば同じようなPLになることが推測できる。したがって、このPLの説明は現在行っているデルタニュートラル戦略を変更するかどうかの材料となる。

5 オプション価格の管理

(1) シナリオ分析（Excel_AL参照）

　グリークスとはマーケット環境が変化したときのオプション価格の変化であったが、その計算手順を思い出せば、原資産価格はその0.01％程度、インプライドボラティリティは1％とマーケット環境の変化分は微小なものであった。つまり、グリークスはマーケットの微小な変化分のリスクしか表していない。実際のマーケットでは原資産価格やそのインプライドボラティリティは大きく変化することがあり、このような動きに対しグリークスを用いてオプション価格の変化を予想すると誤差が大きくなる。そこで、あらかじめ原資産価格やインプライドボラティリティを大きく動かしそのときのオプション価格を計算しておけば、大きな変化に対するオプションのPLも予想することができる。また、同時にデルタリスクやベガリスクの値もあらかじめ計算しておくことにより、マーケットが大きく動いたときのヘッジの戦略も立てることができる。たとえば、先物オプションのデルタニュートラル戦略で先物が大きく上昇した場合、その価格で何ロット売買が必要かあらかじめ知ることにより、板にオーダーを入れておくことが可能になる。

　また、オプションは時間の経過とともに変化するので長期間オプションポジションを保有する場合、どれだけ時間の影響を受けるかが重要になってくる。オプションは満期が近づくにつれてタイムバリューがなくなっていくので、たとえば途中で売却する予定で保有する場合いつまで売却すべきか予定

を立てやすくなる。

　このような情報はグリークスからも計算することは可能であるが、微小変化の情報であり、範囲が広ければ広いほど誤差が大きくなる。われわれはオプション価格をすぐに計算できるのでグリークスだけにこだわる必要はない。

　以下は、コールオプションを保有した場合のシナリオのつくり方である。

取引日	2013年9月12日
日経先物	12月限月（Z3）
行使価格	20,000円
オプション満期（Z3）	2013年12月12日
インプライドボラティリティ	20.00％
円短期金利	0.10％

図表2－40　コールオプション価格シナリオ

時間	0.249	0.222	0.195	0.167	0.140
日付	2013/9/12	2013/9/22	2013/10/2	2013/10/12	2013/10/22
18,000	142	118	95	72	51
18,250	186	158	130	103	76
18,500	239	207	175	143	110
18,750	302	267	231	194	155
19,000	377	338	299	257	213
19,250	463	422	379	334	285
19,500	561	519	473	425	372
19,750	673	628	581	531	476
20,000	796	751	703	652	596
20,250	932	888	840	789	733
20,500	1,081	1,037	990	940	886
20,750	1,241	1,198	1,153	1,105	1,055

このとき縦軸を先物価格とし18,000円から250円刻みでとる。また横軸を時間にとり10日刻みに設定する。インプライドボラティリティは20.00％から動かないと仮定して、それぞれの先物価格、時間のオプションプレミアムを計算する。
　また、縦軸横軸とも同様に設定し各グリッドでデルタの計算も行う。
　このようにシナリオをつくると大局的なリスクがみえてくる。たとえば、先物価格が18,000円のとき9月12日のオプション価格は142円、デルタは15.70％、9月22日では118円、14.20％とそれぞれ24円、1.50％減少する。一方、先物価格がアットザマネーの20,000円のとき、価格は45円、デルタは0.10％減少となっている。オプションがアウトオブザマネーの場合は時間の経過によるデルタの減少が早い。アットザマネーの場合はデルタはあまり変化がないが、プレミアムの減少が早い。

図表2-41　コールオプションデルタシナリオ

時間	0.249	0.222	0.195	0.167	0.140
日付	2013/9/12	2013/9/22	2013/10/2	2013/10/12	2013/10/22
18,000円	15.70%	14.20%	12.50%	10.60%	8.50%
18,250円	19.30%	17.80%	16.00%	14.00%	11.80%
18,500円	23.20%	21.80%	20.00%	18.10%	15.70%
18,750円	27.50%	26.20%	24.60%	22.70%	20.40%
19,000円	32.10%	30.90%	29.50%	27.90%	25.80%
19,250円	37.00%	36.00%	34.80%	33.50%	31.80%
19,500円	41.90%	41.20%	40.40%	39.40%	38.20%
19,750円	47.00%	46.50%	46.10%	45.50%	44.80%
20,000円	52.00%	51.90%	51.70%	51.60%	51.50%
20,250円	56.90%	57.10%	57.30%	57.60%	58.10%
20,500円	61.70%	62.10%	62.70%	63.40%	64.30%
20,750円	66.20%	66.90%	67.80%	68.80%	70.20%

⑵　ポートフォリオ管理

　オプションの保有数が少ないときは、個々のオプションのグリークスやシナリオをつくり管理すればよい。しかし、オプショントレーディングでは毎日新規に追加取引を行っていくので管理すべきオプションの数は相当数となり個別管理はむずかしい。そこで、これまで取引した原資産とそのオプション全部をひとまとめに管理する、ポートフォリオ管理のほうが効率的になる。

　ポートフォリオ管理とは個々のオプションのグリークスを計算し、それをすべて合算したグリークスをみて管理する手法である。合算されたグリークスをみることで、トレーダーはあたかも一つのオプションをトレードしているかのように管理することができる。したがって、理論上はどれほどオプション取引をふやしてもトレードすることができるのである。

　実際にはすべてのオプションのデルタを計算しそれを足し合わせ、ポートフォリオデルタを計算する。このとき原資産のデルタは100%として計算する。同様にポートフォリオベガ、ガンマ、セータなどもすべて足し合わせて計算する。1日の終わりにこうして計算したグリークスからPLを計算する。計算方法は4⑷dで述べたものである。また、ポートフォリオの実際のPLも計算する。これは、保有するすべての原資産とオプションの当日のクローズ価格を計算し、足し合わせたものから昨日のクローズ時点での価格の合計を差し引いたものである。

　実際のPLとグリークスのPLが計算できれば、ポートフォリオに対しても当日のPLの説明をすることができる。デルタPLが大きければ原資産の売買でリスクを管理し、ベガリスクのPLが大半であれば、オプションの売買で調節することができる。もっとも、ポートフォリオはオプションの複合体なので、単体のオプションの場合よりもレシデュアルPLは大きくなりがちである。

オプションの数が多ければ価格やグリークスの計算すべてを終えるには時間がかかる。よって、日中マーケットが動いているときに実際のPLを把握するのはむずかしいかもしれない。しかし、日々マーケットがオープンする前までにグリークスの計算が終了していれば、われわれは日中そのグリークスを用いてリアルタイムに近似されたPLをみることができる。グリークスからのPL計算はオプション数がいくらでも数個の掛け算ですむからである。マーケットがクローズした後再び時間をかけて実際のPLを計算すればよい。

(3) ボラティリティスマイル

a プットとコールの区別

同じ満期のオプションでも行使価格が異なるとそのインプライドボラティリティは一般には異なる。そこでわれわれは行使価格を横軸にとり、それに対応するインプライドボラティリティを縦軸にプロットしたものを考え、それをスマイルカーブと呼ぶ。一般的にスマイルカーブのかたちはアットザマネー部分がいちばん低くハイストライク、ローストライクに向かって徐々に高くなっていく。もちろん、商品やオプション満期、その時々のマーケット状況によってスマイルカーブのかたちは異なってくるものである。

われわれはスマイルを考えるとき、プットとコールの区別をしない。3(2)の、プットコールパリティの性質によると同じ行使価格のタイムバリューは同じ値であった。したがって、インプライドボラティリティは、プットとコールで同じ値であり、区別する必要はないからである。通常は各行使価格に対応するインプライドボラティリティはアウトオブザマネーのほうのオプションを採用する。インザマネーのオプションは流動性がないからである。

以下、b、c、dにおいてスマイルカーブが形成される理由について触れてみる。

b　アウトオブザマネーのオプション

　スマイルカーブのなかでもハイストライク、ローストライクに向かって徐々に高くなっていくようなかたちが多い理由の一つは、アウトオブザマネーのオプションは価格の絶対値としては安いためエンドユーザーは保険として利用しやすいからである。彼らは、インプライドボラティリティが多少高くても予算内の価格であれば購入することができる。したがって、インプライドボラティリティでみるとアットザマネーよりも高い水準になることが多い。

c　原資産価格の見通し

　原資産価格が今後上昇するであろうという見通しが強い場合、4(2)で述べたカラー取引の買い、すなわちコールオプションを買い、プットオプションを売るという取引を行う参加者が増加することがある。なお、原資産価格が下落の見通しの場合はカラーの売りになる。オプションの買いと売りを組み合わせることで、コールオプションの行使価格をそれほど高くしなくても支払いの総額は大きくならない。したがって、ヘッジ目的で行う場合であってもオプションのプレミアムの高さをそれほど気にせずに取り組むことができる。また、投資家の場合も大きなレバレッジをかけることができる。このような取引が増加すれば、自然に行使価格の高いオプションのインプライドボラティリティは上がり、低いオプションのそれは下がることになる。

d　オプショントレーダーのヘッジ

　(2)で述べたようにオプションのポートフォリオ管理ではマーケットの大きな動きに対して対応できるようシナリオ分析を行う。その際、原資産価格が上がったときにポートフォリオベガがロングになり、下がるとショートになるような結果になったとすると、あらかじめこのような状況をヘッジしたい場合がある。原資産がゆっくりと動く場合、ベガをヘッジする余裕はある

が、1日で大きな変動があった場合ではベガをヘッジする余裕がなくなるからである。2008年のリーマン・ショックのように為替が100円を割って急速に下落するような状況がそれに当たる。

したがって、トレーダーはマーケットに行き、行使価格が低いオプションを買い行使価格が高いオプションを売るインセンティブが働く。もっとも単純にあらかじめプットオプションを買うことでベガのショートになる分を見越してロングをもっておくこともできるが、その場合にはセータによって日々オプション価値が減少し損失となる場合がある。同じリスクを保有するトレーダーが多数いる場合、スマイルカーブは自然にローストライクが上昇し、ハイストライクが下がるようなかたちになる。

e　行使価格の表し方（Excel_AL参照）

われわれがマーケットからスマイルカーブを作成するときは、行使価格ごとのインプライドボラティリティをマーケットから観測しプロットするが、アットザマネーから非常に遠い行使価格のオプションは価値がほぼゼロになっているため、そのようなオプションのインプライドボラティリティを考えても、実際には役に立たない情報となる。取引日経平均オプションのケースを考えると、現在平均株価が18,000円で取引されているなかで、満期1カ月で行使価格10,000円のプットオプションのインプライドボラティリティを観測しても意味がないような場合である。行使価格がある程度意味のある水準のインプライドボラティリティを観測するために、行使価格の絶対値ではなく、デルタの水準から導き出される行使価格を用いることがある。

特に、為替や貴金属のOTCオプションマーケットではトレーダーはボラティリティそのもので取引しているが、行使価格を表すのにそのオプションのデルタを用いる。たとえば為替オプションマーケットではトレーダーは1カ月満期のデルタ25％のコールオプションを11％で買い、というようにブローカーへ伝える。また、先物オプションマーケットにおいてもロイターや

ブルームバーグといった情報端末のボラティリティも行使価格そのものではなくデルタを用いて表現されている。このようにデルタ表示の行使価格は多くの場面で使われているので、われわれはいつでも行使価格に変換できなければならない。

そこで、デルタから実際の行使価格の計算方法を日経平均オプションの例で説明する。

取引日	2013年9月12日
日経先物	12月限月（Z3）　価格　18,000円
行使価格	デルタ25％　コールオプション
オプション満期（Z3）	2013年12月12日
インプライドボラティリティ	20.00％
円短期金利	0.10％

デルタ25％のコールオプションの具体的な行使価格を求めるということである。4(1)で用いたデルタを直接計算する関数ALKOM_OptionDeltaの引数を思い出せば、行使価格以外の引数の情報はすべてそろっている。したがって、理論上は逆関数の計算をすることで行使価格を求めることができる。

いまデルタが25％の行使価格のコールオプションを探せばよいので、図表2-42のように行使価格とそのデルタの対応の表をつくる。

図表2-42から25％デルタの行使価格は19,350円であることがわかる。毎回表をつくって逆算するのは大変なので、このような計算を行うデルタから行使価格を求める関数を用意しておけばよい。

ここではALKOM_StrikeFromDeltaという関数を用意した。引数は、図表2-43のとおりである。

図表2−42　行使価格対デルタ

Strike	Delta
19,320円	25.50%
19,330円	25.40%
19,340円	25.20%
19,350円	25.00%
19,360円	24.90%
19,370円	24.70%
19,380円	24.50%

図表2−43　行使価格計算用関数の入力値

関数名	ALKOM_StrikeFromDelta	入力
引数1	SpotPrice	18000
引数2	Delta	25.00%
引数3	Time	0.25
引数4	Interest	0.10%
引数5	Volatility	20.00%
引数6	Dividend	0.10%
引数7	OptionType	CALL

　図表2−43のように数値を代入すれば計算結果は19,352円となる。なお、プットオプションのときのデルタはマイナスで入力する必要がある。15%デルタのプットを計算する場合は引数2には−15%を入力するという要領である。このようにデルタから行使価格を計算できれば後は通常のオプションの計算公式を使うことができる。
　また、先物オプションなど行使価格ごとのプレミアムの情報からデルタ表示のスマイルカーブを作成する方法を述べる。まず、aでも述べたが基本的にアウトオブザマネーのオプションの情報を用いるほうが正確であるのでアットザマネーよりも高い行使価格のオプションはコールオプションのプレ

ミアム、また逆に低い行使価格はプットのそれを用いる。これらのプレミアムからインプライドボラティリティを逆算し、またそのオプションのデルタも計算する。

図表2－44　行使価格スマイルカーブ

	Put					Call				
	15,000	16,000	16,500	17,000	17,500	18,000	19,000	19,500	20,000	21,000
Pr	78	136	207	309	503	718	296	185	102	36
Vol	26.00%	22.00%	21.00%	20.00%	20.50%	20.00%	18.50%	18.50%	18.00%	18.50%
Delta	-3.10%	-11.00%	-17.90%	-26.70%	-37.00%	52.00%	31.20%	22.60%	15.80%	6.80%

よく参照されるデルタは5％、10％、25％であるので、図表2－44で計算したデルタとインプライドボラティリティの関係から線形補間を行うことで、以下のようなスマイルカーブのテーブルをつくることができる。

図表2－45　デルタ表示スマイルカーブ

	5％PUT	10％PUT	25％PUT	ATM	25％CALL	10％CALL	5％CALL
Vol	25.00%	22.50%	20.20%	20.00%	18.50%	18.32%	18.50%

なお、今回は表の中央をアットザマネー（ATM）としたがデルタ50％のものを使用することもある。アットザマネーのコールオプションのデルタは50％よりもやや大きいので若干ボラティリティの水準も異なる。

f　リスクリバーサルとバタフライ

4の(2)で述べたカラー取引とはコールの買いとプット売りを組み合わせた取引であったが、これらの取引はリスクリバーサルとも呼ばれRRと表記する。10％デルタのリスクリバーサルを買うというのは10％デルタのコールを買い、10％デルタのプットを売ることである。リスクリバーサルの取引価格の表現方法は、コールオプションのインプライドボラティリティからプットオプションのそれを差し引いたもので表す。たとえば、eでわれわれが作成

した日経平均オプションのボラティリティスマイルのテーブルでは、10%コールは18.32%、10%プットは22.50%であるから、10%デルタのリスクリバーサルを買うときは18.32%から22.50%を差し引いて－4.2%で買い注文を出す。

このように低い行使価格のオプションのインプライドボラティリティが高い行使価格のオプションのそれよりも高い場合、リスクリバーサルの価格はマイナスになる。マーケットの傾向として、プットを買ってコールを売りたい人が多いということである。

また、リスクリバーサル以外にバタフライという取引がある。バタフライの買いとは同じデルタのコールとプットを買ってアットザマネーのストラドルを売ることである。なお、両サイドのオプションをウイングとも呼び、バタフライそのものはFLYと表記する。ダイナミックヘッジでアウトオブザマネーのオプションが必要になった場合に、この取引を行う。バタフライのインプライドボラティリティの表し方は、コールとプットのインプライドボラティリティを足し合わせたものからアットザマネーのインプライドボラティリティを引いたもので表す。10%のFLYは、eの日経平均オプションの例ではコールが18.32%、プットが22.50%、アットザマネーが20.00%であるのでバタフライは（18.32%＋22.50%）÷2－20.00%で0.41%となる。したがって、ウイングのオプションの買いが多ければプラスサイドに大きくなる。

マーケットによっては、オプション価格が図表2－46のように、アットザマネーのインプライドボラティリティとデルタごとのリスクリバーサルと、バタフライのインプライドボラティリティで表示されているときがある。

図表2－46　RR－FLY表示スマイルカーブ

	ATM	5% RR	5% FLY	10% RR	10% FLY	25% RR	25% FLY
Vol	20.00%	－6.52%	1.76%	－4.17%	0.41%	－1.69%	－0.65%

同一のデルタのリスクリバーサル、バタフライとアットザマネーのインプライドボラティリティの情報があれば、それぞれのストライクのインプライドボラティリティを逆算できる。コールオプションのインプライドボラティリティを a、プットのそれを b とおけば

(a − b) = RR
(a + b) ÷ 2 − ATM = FLY

であるから、

a = ((FLY + ATM) × 2 + RR) ÷ 2
b = ((FLY + ATM) × 2 − RR) ÷ 2

である。

(4) ボラティリティマトリックス

　ボラティリティマトリックスとは縦軸にオプション満期、横軸に行使価格をとり、それぞれの満期、行使価格のインプライドボラティリティを要素とするマトリックスのことである。また、ボラティリティマトリックスは(3)で述べたスマイルカーブを満期ごとに並べたものということができる。
　ボラティリティマトリックスは取引する可能性のあるすべてのオプションの情報をもっているので、オプションをプライスするときや、ポートフォリオ管理に必要である。また、ある一部のオプション価格がゆがんでいることを見つけるために非常に重要なツールでもある。
　プレミアムで取引されている商品のインプライドボラティリティはオプション価格から逆算する必要があった。取引所はホームページなどで毎日取引終了時点の先物とすべてのオプション価格を公表しているので、われわれはこれらのデータすべてを用いてマトリックスを作成することができる。
　ただし、オプションのクローズ時点の価格はインプライドボラティリティベースでみるとゆがんでいる場合がある。オプションの種類は多数あるので行使価格、満期によって取引量にバラツキがあるのが理由の一つである。た

第2章　オプション基礎編

とえば、ディープインザマネーになっているオプションでは取引は閑散としている場合が多い。また、ユーザーが取引する行使価格はマーケットの大台が変わるところに集中しやすく、日経平均でいえば18,000円、20,000円のオプションは取引量は多いが、18,125円などの行使価格のオプションは取引が少ないこともある。

　また、資金量のあるファンドがオプションを用いて投資する場合、彼らは同じ限月、同じ行使価格のオプションに大量の注文を出すので、そのオプションの板にはファンドの注文と逆サイドの注文が入らないままマーケットがクローズを迎えてしまうこともある。これは反対サイドのニーズがなくなったわけではなく、そのように大きな注文があればいつでもその値段で取引ができるので、わざわざ板に出す必要もないと感じる参加者の心理があるからである。

　このように取引量が少ないオプションや逆に大量に注文が入ったオプションの場合、クローズ時点で買い気配と売り気配のスプレッドが広くなり、中値がどこなのか客観的に判断するのがむずかしい。また、オプションのラストトレードの価格を参考とした場合も、そのときの原資産価格の記録がなければ正確なインプライドボラティリティは得られない。

　このようにオプションのクローズ時点のインプライドボラティリティはすべてを正確なものにすることはむずかしい。それゆえオプショントレーダーはトレーディングをする際、ボラティリティマトリックス全体をみることで、これらのゆがんだインプライドボラティリティを修正して使用しなければならない。

問題

問1 ▶ 日経平均が27,000円のとき、15,000円のコールオプションの状態はインザマネー、アウトザマネー、アットザマネーのうちどれか

答1 ▶ インザマネー

問2 ▶ シカゴコーンが400セントのとき500セントプットオプションの状態はどうなっているか。

答2 ▶ インザマネー

問3 ▶ オプションの対象が何か別のオプションである場合もある。日経平均16,000円コールオプションの価格をオプション対象とする、行使価格が150円のコールオプションAを考える。日経平均が18,000円のときこのオプションAはどのような状態か。

答3 ▶ インザマネー
まず、コールオプションAの原資産の価格を考える。
原資産である16,000円コールオプションは日経平均が18,000円のときインザマネーであり、イントリンシックバリューは2,000円である。
したがって、16,000円コールオプションの価格は2,000円以上である。
コールオプションAの行使価格は150円であり、その対象である原資産価格は2,000円以上であるので、インザマネーとなる。

問4 ▶ トレーダーAは日経平均の15,000円のコールオプションをロング（買いのポジション）していたとする。
このとき原資産である日経平均が上昇することは、トレーダーAにとって有利か不利か。

答4 ▶ 有利
保有しているコールオプションによりマーケットよりも安く買えるチャンスがふえるから。

問5 ▶ トレーダーBは日経平均の15,000円のコールオプションをショート

第2章　オプション基礎編

（売りのポジション）していたとする。

このとき原資産である日経平均が上昇することは、トレーダーBにとって有利か不利か。

答5 ▶ 不利

トレーダーBはトレーダーAとちょうど反対の立場である。よって、Aが有利になればBは不利になる。

問6 ▶ トレーダーCは問3のオプションAをショートしていたとする。

このとき日経平均が上昇することは、トレーダーCにとって有利か不利か。

答6 ▶ 日経平均が上昇すると、オプションAの原資産である16,000円コールの価格も上昇する。

オプションAはコールオプションであるのでその原資産が上昇すればオプションAの価格も上昇する。

トレーダーCはオプションAをショートしているので不利である。

問7以降は以下の取引を仮定しエクセルにて計算すること。

取引日	2014年1月22日
日経先物	3月限月（H4）　価格　15,800円
行使価格	17,000円
オプション満期（Z3）	2014年3月14日
オプションの種類	コール
円短期金利	0.10%
取引量	100ロット
売買の別	買い

問7 ▶ インプライドボラティリティが19.6%のときオプション価格はいくらか（銭の単位は切捨て）。

答7 ▶ 100円

問8 ▶ オプション価格105円に対するインプライドボラティリティはいくらか。

答8 ▶ 19.9%

問9 ▶ 20%のときの各グリークスを計算せよ

答9 ▶

デルタ	17%
ベガ	1,512,164円
セータ	296,432円
ガンマ	1円当り　0.022ロット
	1％当り　3.42ロット

問10 ▶ H4が15,800円から16,000円になり、インプライドボラティリティが20%から22%へ上昇したときの各グリークスから生ずるPLはいくらか。

答10 ▶ ・デルタ　PL　3,462,465円
　　　　・ベガ　　PL　3,024,328円
　　　　・ガンマ　PL　　433,458円

問11 ▶ この取引においてガンマPLとセータPLが均衡するH4の変動幅はいくらか。

答11 ▶ 165円

問12 ▶ この取引においてデルタニュートラルにするにはどのような取引を追加で行うべきか

答12 ▶ 17ロット売り

第2章　オプション基礎編

問13 ▶ 先物オプションが125円刻みで上場しているとすると、デルタ10%コールの行使価格はいくらか。また、デルタ15%プットの行使価格はいくらか。ただし、インプライドボラティリティは20%とする。

答13 ▶ ・17,375円
　　　　・14,625円

問14 ▶ デルタ10%コールを100ロット買いデルタ15%プットを100ロット売る。デルタニュートラルにするにはどのような取引を追加で行うべきか。

答14 ▶ 17,375円コールのデルタは10.9%
100ロット買いから発生するデルタはロング10.9ロット
14,625円プットのデルタは14.2%
100ロット売りから発生するデルタはロング14.2ロット
合計で25.1ロット分ロングになるのでH4を15,800円で25ロット売り。

問15 ▶ この取引直後H4が1,000円上昇したときのPLはいくらか。また、1,000円下落したときのPLはいくらか。なお、インプライドボラティリティは20%のままとする。

答15 ▶ H4が15,800円のときのコールオプションの価格は59.9円、プットは88.7円
パッケージ価格は59.9－88.7＝－28.8円である。
H4が16,800円になると、パッケージ価格は272.7－14.6＝258.2円になる。したがって、100ロットあるので100×(258.2円－(－28.8円))×1,000（1ポイントバリュー）＝28,700,000円
一方、H4を25ロットショートしているので、－25×1,000円×1,000＝－25,000,000円
合計で3,700,000円プラスである。

第 3 章
トレーディングシミュレーション

第3章　トレーディングシミュレーション

　本章では日経先物マーケットの過去データを用いてオプションマーケットを再現し、約20日間で一定の利益を出すことを目標にする。シミュレーションによるトレーディングではモデルの詳細を知らずとも、売買を行い、目標額に到達することができる。トレーディングを行うことでグリークスの意味、使い方を自然に身につけリスク管理を理解することができる。

1 初期設定

　はじめにエクセルファイル"OPTION_SIM_NIK"を開き、"START"ページを開けると、図表3－1の初期設定画面が表れる。

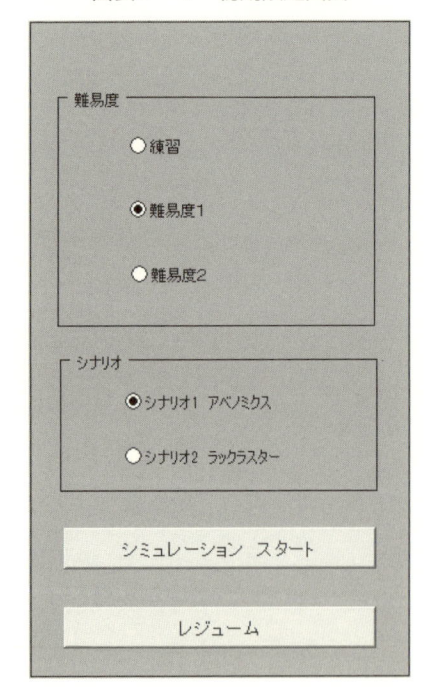

図表3－1　初期設定画面

この画面では、まずトレーディングシミュレーションの難易度を選択する。難易度は、練習モード、実践と同様の環境で行える難易度1、2の計3種類ある。練習モードでは常にマーケットのミッドプライスで取引できるようにしている。取引の入力ミスなどは反対売買をすればもとに戻るので、いろいろと試すことができる。一方、難易度1と2ではより実際のマーケットに近い売値と買値が提示される。同じものを反対売買すると売値と買値の差額分損失となるので気をつけたい。時価評価はミッドプライスで行うので、提示された売値で買った場合、当日はミッドプライスとの差額分は取引コストとして計上される（買値の場合も同様）。また、実際に取引を行い収益をあげた場合にそれにかかるコストとしてどれだけになるのかみることもできる。また、難易度1、2ではデルタ、ベガ、セータについて上限や下限が決められている。先物とそのオプションの組合せからなるポートフォリオのグリークスを計算し、それがこの限度を超えないようにトレーディングしなければならない。制限がないほうがトレーディングは容易になるが、実際の現場では必ず制限がつく。

　次に、シナリオを選択する。実際の過去データを参照してつくられた2種類のマーケットデータを用意している。"シナリオ1　アベノミクス"では2013年5月頃のマーケットを再現している。日経平均株価が年初から上昇し、いったん調整を迎えた局面である。もう一つのシナリオは"シナリオ2　ラックラスター"、活気のないマーケットである。2012年の半ばでマーケットは方向感なく取引されている状況である。

　まずはじめにシナリオ1の2013年5月のマーケットを選択する。また、難易度は1を選択する。トレーディングの目標収益は難易度1で1,000万円、難易度2で2,000万円に設定してあり、この収益をシミュレーション最終日まで維持していれば合格となる。

　ポジションの制限は図表3-2のようになっている。なお、金額は千円単位である。難易度1ではデルタはロングかショートかが50ロット以内であ

第3章　トレーディングシミュレーション

図表3－2　シナリオ1難易度

シナリオ1	デルタ	ガンマ	ベガ	セータ	目標PL
難易度1	50ロット	N/A	¥5,000	¥−1,000	¥10,000
難易度2	5ロット	N/A	¥1,000	¥0	¥20,000

り、ベガはロングまたはショートが500万円以内である。

　セータに関しては、1日当り受け取るべき最少金額が設定されている。マイナス値が設定されている場合はその金額まではセータを支払うことができるという意味である。2章で述べたが、オプションをロングにするとセータは支払いになるので、セータの制限によって、われわれはオプションのロングを無制限に積み増すことができない。難易度1では、セータは−100万円以上になっている。すなわち、われわれは日々100万円までセータを支払うことができる。難易度2では、セータは必ずゼロ以上にしなければならずオプションをロングにするのがむずかしくなっている。

2　エクセル画面の説明

　初期設定後［シミュレーション　スタート］ボタンを押すと、図表3－3のような画面に切り替わる。

　シナリオ1では、図表3－3のなかにある③と④にあるように2013年5月17日からスタートし2013年6月5日で終了する。①は本日の日付を表し、シミュレーションスタート直後は5月17日の翌営業日である5月20日に設定されている。また、その直下のセル②は本日の前営業日である。

　セル⑤⑥⑦を含むマーケットモニターでは日経225先物とそのオプションのマーケット情報を表示している。⑤で、いまここに表示されている15,190円という先物価格は前営業日、すなわち②の日付のクローズ時点での価格である。また、セル⑥以下の36.1％、32.1％……は、前営業日クローズ時点の

図表3－3　シミュレーションメイン画面

本日	2013/5/20	①	開始日	2013/5/17	③
前営業日	2013/5/17	②	終了日	2013/6/5	④

マーケット モニター	前日	当日	前日比
NIKKEI　⑤		15190	
12000　⑥		36.1%	
13000		32.1%	
14000		28.4%	
15000		25.0%	
16000		22.3%	
Historical Vol　⑦		21.7%	

リスク モニター ⑧	前日の引け時点	MKTオープン引け時点	リミット
Δ (lot)		0.0	50.0
Γ(lot/¥100)		0.00	N/A
VEGA		¥0	¥5,000
Θ		¥0	(¥1,000)

PL モニター　⑨	前日のPL	現時点	トータルPL	目標PL
DAILY PL		¥0	¥0	¥10,000
Δ PL		¥0	¥0	
Γ PL		¥0	¥0	
VEGA PL		¥0	¥0	
Θ PL		¥0	¥0	
NewTrade		¥0	¥0	
UnExplain		¥0	¥0	

リスク モニター2 ⑩	ベガリスク
5,000	
6,000	
7,000	
8,000	
9,000	
10,000	
11,000	
12,000	
13,000	
14,000	
15,000	
16,000	
17,000	
18,000	

プレミアムから逆算した各行使価格のオプションのインプライドボラティリティを表示している。いまの例では12,000円の行使価格のオプションの5月17日クローズ時点でのインプライドボラティリティは36.1％である。

⑦のセルにはHistorical Volとあるが、これは2章で述べた過去10営業日の先物の変化から計算したボラティリティのことである。計算方法は、過去の日々の変化率をLOGを使って計算し、その標準偏差をとってルート250を掛けることで年率表示のヒストリカルボラティリティを得ることができるということであった。このシミュレーションでは①の日付が進むたびに過去10営業日をとる期間も同時に進んでいくため、直近10日のボラティリティが表示される。過去のデータは将来を完全に保証するものではないが、オプショントレーディングのための参考にはなるであろう。シミュレーションスタート時点では、5月17日から過去にさかのぼって10日間のデータから計算された値21.7％が表示されている。

⑧は、リスクモニターである。われわれが先物やオプションをトレードするとそのポートフォリオのグリークスを計算し表示する。またマーケットが変動すると随時グリークスも再計算されアップデートされる。上から順にデルタ、ガンマ、ベガ、セータのリスクとなっている。デルタはロット単位、ガンマは日経先物が100円変動した場合のデルタの変化量を表示している。ベガは自分の保有する行使価格のインプライドボラティリティが1％上昇したときのPLのインパクトを千円単位で表示している。また、セータは①の日付が1日経過したときのPLインパクトを千円単位で表示している。そして、リスクモニターの最右コラムはポジションリミットである。上から50ロット、N/A、500万円、－100万円である。

⑨は、PLモニターである。DAILY PLは①の日付のクローズ時点で計算される、その当日のPLである。その以下のセルはグリークス別に計算したPLが並んでいる。また、トータルPLのコラムはシミュレーションがスタートしたときからの累計のPLをグリークスごとの累計PLとともに集計してい

る。最右コラムは目標のPLである。最終日に累計PLがこの金額を上回ればシナリオクリアである。

　いまスクリーンには取引入力用の画面が表れている（図表3－4参照）。この画面でわれわれは日経先物とそのオプションを取引することが可能である。"商品名＆満期"の欄は、今回のシミュレーションで使用する商品名と先物、オプションの満期を表示している。ここでは日経平均先物のM3、す

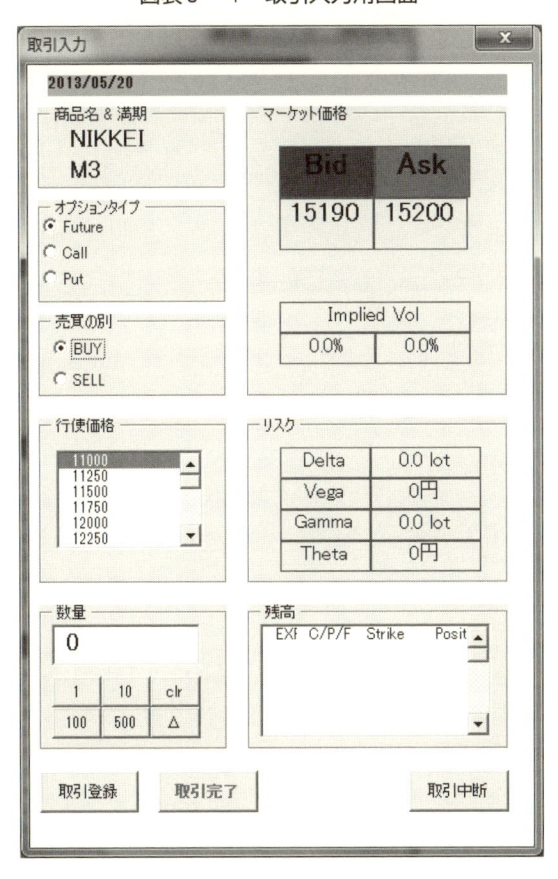

図表3－4　取引入力用画面

なわち2013年の6月限を取引する。このシミュレーションで取引を行うにはまず、先物、コールオプション、プットオプションの別を選択し、次に売買のどちらかを決める。オプションを選んだ場合には行使価格も選択する。最後に取引数量を決める。

　数量の下に1から500までのボタンが並んでいるが、これらのボタンを押すとその分の数量が取引数量のテキストボックスに加算されていく。数量の入力を間違えた場合は［clr］ボタンを押すとゼロに戻る。一度の取引で売買できる数量は10,000ロットまでとなっている。

　ここまで選択すると、"マーケット価格"の欄にいま取引しようとしている先物ないしはオプションの価格が表示されている。Bidというラベルの下の価格がマーケットメーカーの買値、Askは売値である。もし、いま買いを選択していればAsk価格で取引が成立する。また、オプションを選択した場合、Implied Volというラベルの下にBid価格、Ask価格に対応するインプライドボラティリティが表示される仕組みになっている。

　"リスク"の欄には、いま行う取引のデルタ、ベガ、ガンマ、セータが表示されている。デルタはロット単位、ガンマは日経平均先物が100円変動したときのデルタが変化する量を表示している。ベガは1％当りの金額、セータは1日経過したときの金額をそれぞれ1,000円単位で表示している。

　いま、取引例としてわれわれはM3の15,000円コールオプションを100ロット購入する。取引入力画面（図表3-5参照）において、コール、買い、15,000を選択し、取引数量を100に設定すると、Ask価格は498円となっている。この価格に対応するインプライドボラティリティは25.7％である。また、リスク項目にはデルタ59ロット、ベガ1,514円（実額1,514,000円）、セータ－786円（実額－786,000円）、ガンマ4ロットと表示されている。ガンマに関してはプラス4ロットなので、100円先物が上昇すると4ロットデルタが増加し、逆に先物が100円下がると4ロット減少というようにわれわれにとって有利に働くという意味であった。ガンマがマイナスの場合はその逆に

不利に働く。ここで［取引登録］ボタンを押すと498円で取引が成立したことになる。

　なお、シミュレーションの制約として、われわれが取引できる価格は、前営業日のクローズ時点の価格になっている。マーケットが始まる前にすべての取引を終了させ、当日のクローズ価格で時価評価とリスクの再計算を行い、1日が経過する仕組みになっている。

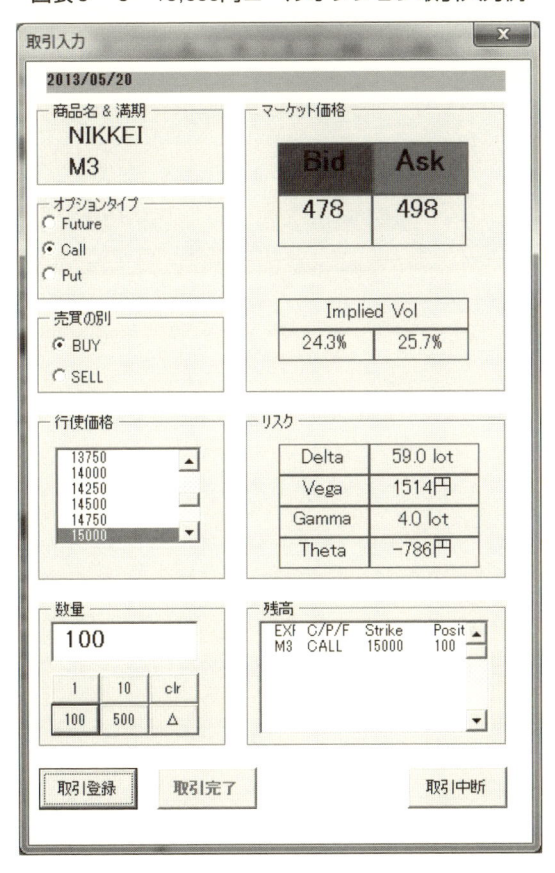

図表3－5　15,000円コールオプション取引入力例

第3章　トレーディングシミュレーション

　取引が成立すると、その取引はポートフォリオに追加される。再びエクセルの画面（図表3－6）の説明をすると、"リスクモニター"のMKTオープン前のコラムには、前日までのポートフォリオのなかにあるすべての先物とオプション取引と、本日マーケットが始まる前に行った取引すべてのグリークスの合計が表示される。精密にいえば、これらのグリークスは全営業日のクローズの先物価格とクローズのインプライドボラティリティに基づき、かつ当日時点として計算されたものである。いまポートフォリオに追加した取引は先ほどの15,000円コールオプション100ロットの買いだけであるので、リスクモニターのポートフォリオのグリークスは単独の15,000円コールオプション100ロットの買いのそれに一致している。

図表3－6　15,000円コールオプション（グリークス）

リスク　モニター	前日の引け時点	MKTオープン前	引け時点	リミット
Δ (lot)		59.0		50.0
Γ(lot/¥100)		4.0		N/A
VEGA		¥1,514		¥5,000
θ		(¥786)		(¥1,000)

　また、エクセル画面の下に位置している"リスクモニター2"では、ベガリスクを行使価格ごとに表示している（図表3－7参照）。いま15,000円コールを買ったのでベガリスクは15,000円の行に表示されている。このシミュレーションでは行使価格は250円刻みで用意している。したがって15,250円、15,500円、15,750円などの行使価格のオプションも、すべて15,000円の行に合算されて表示される。また、ベガリスクはコールとプットの区別なく合計される。われわれのベガリミットは500万円であるが、行使価格ごとの制限はない。もし、たとえば14,000円のコールオプションを買い1,000万円分のベガリスクをとり、かつ15,000円のコールオプションを売り、同じく1,000万円分をとった場合、この"リスクモニター2"では1,000万円のベガが14,000円の行と15,000円の行にそれぞれプラス、マイナスで表示される。

しかし、あくまでもすべてのオプションの合計であるベガリスクに制限がかかるので、われわれはこのようなリスクもとることができる。

図表３－７　15,000円コールオプション（ベガリスク）

リスク モニター2	ベガリスク
5,000	¥0
6,000	¥0
7,000	¥0
8,000	¥0
9,000	¥0
10,000	¥0
11,000	¥0
12,000	¥0
13,000	¥0
14,000	¥0
15,000	¥1,514
16,000	¥0
17,000	¥0
18,000	¥0
20,000	

　ここでポジションリミットを確認する。われわれは難易度１を選択しているので、デルタリスクは50ロット以内、ベガは500万円以内、セータはマイナス100万円以上であることが要求されている。現状ではベガ、セータリスクはポジションリミット以内となっているがデルタは59ロットであり、リミットを９ロットほど超えている。

3　実践シナリオ

(1)　取引戦略

　2013年は株価が上昇基調をたどり５月に入ってさらに上昇が加速された感があった。このあたりで調整があるという見通しを立てたとし、先物をアウトライトでショートすると予想外に上昇した場合、損失が大きくなってしま

第3章　トレーディングシミュレーション

う。そこで、われわれは2章で述べたデルタニュートラル取引を行い、今後のマーケットが予想以上に激しく動くことにベットする戦略をとることにする。マーケットモニターの⑦にあるヒストリカルボラティリティは21.7%とあり、またわれわれがいま買った15,000円コールオプションのインプライドボラティリティは25.4%である。過去10日間のマーケットの変動とオプションマーケットが予想している変動とあまり開きがないことから、デルタニュートラル取引を行い、ガンマPLをねらうという戦略も効果的であると思われる。

そこで、まずデルタニュートラルにするために、現在のポートフォリオのデルタロング59ロットのリスクを、先物を売ることによって相殺する。取引入力画面において、Future、SELLを選択し、取引数量を59にする。ここで［取引登録］ボタンを押すと先物59ロットの売りがポートフォリオに追加される。この取引によって"リスクモニター"のMKTオープン前のポートフォリオのデルタは、ほぼゼロになっていることを確認する。

また、取引入力画面においては先物、各オプションの残高の確認ができる。現在は先物が59ロット売り、15,000円コールが100ロット買いとなっている。

図表3-8　ポートフォリオポジション残高

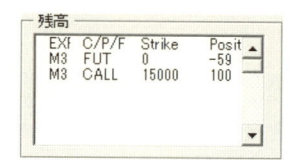

残高			
EXf	C/P/F	Strike	Posit
M3	FUT	0	-59
M3	CALL	15000	100

アウトオブザマネーのオプションは満期が近づくと、そのグリークスは急激に小さくなる。特に、ガンマリスクはその計算方法を思い出すと、先物を非常に小さい範囲で動かしたときのデルタの変化であった。満期日が近いアウトオブザマネーのオプションは、そのためガンマリスクがみえなくなって

しまうことがある。しかし、特にオプションをショートしていた場合、マーケットが急変すれば実際にPLに影響を与えることもある。満期日が近づいたらこの残高表を参考に買い戻すような取引を行うべきである。グリークスだけでなく正確なロット数も把握しておきたい。

(2) プットコールパリティ

　ここでいったん2章で述べたプットコールパリティについて、実際のトレーディングではどのように使うか示してみる。通常のマーケットではインザマネーのオプションは取引があまりなく、板は閑散としておりBid、Askスプレッドが非常に広い。それはデルタが高く先物が動くスピードと同じような速さで動くため、デルタニュートラル取引が非常にむずかしいからである。

　また、オプション価格が動くことでアウトオブザマネーのオプションに比べオプションプレミアム自体の水準が記憶に残ることがない。したがって、われわれがポジションを閉じるためインザマネーのオプションの取引を行う場合、オプション価格を間違えてオーダーするリスクが高くなる。

　たとえば、インザマネーのオプション14,000円コールを取引する場合、まず14,000円プットのプレミアムをチェックする。いまこのシミュレーションでは66円Bid、73円Ask、中値では70円となっている。現在の先物価格は15,190円でイントリンシックバリューはゼロであるので70円はすべてタイムバリューとなっている。一方、われわれが取引する14,000円コールオプションはインザマネーであるので、イントリンシックバリューがある。その価値は15,190円と14,000円の差額である1,190円である。ここでプットコールパリティを思い出すと、14,000円コールオプションはそのイントリンシックバリューと14,000円プットのタイムバリューとを足し合わせたものであるから、コールオプションの価格は1,190円と70円の合計値の1,260円である。この値近辺でオーダーする限り大きなミスプライスはないということが確認で

きる。

　実際オプションタイプでコールを選択すると、オプション価格は1,248円Bid、1,269円Askであるから中値は1,259円である。それとほぼ一致していることがわかる。また、先物価格が10円上昇するとイントリンシックバリューも10円上昇するのでコールオプションは1,269円くらい、という感覚もイメージできる。マーケットは常に動いているのでこのような感覚を得るのは重要である。

(3) マーケットクローズ

　取引入力用画面にある［取引完了］ボタンを押すと本日のクローズ時刻まで時間が経過したことになる。ここで新たなメッセージ画面が表れ、2013年5月20日のクローズ時点での先物価格とアットザマネーのインプライドボラティリティの前日比が表示される。

　　　図表3-9　5月20日のマーケットクローズ

```
Microsoft Excel

マーケットがひけました。
先物価格　前日比 200円
ATM Vol　前日比 1.2%

            OK
```

　また、"マーケットモニター"には行使価格ごとオプションのインプライドボラティリティと前日比が表示されている。メッセージ画面ではアットザマネーのインプライドボラティリティは前日比1.2％高であったが、われわれがロングしている15,000円コールオプションは前日比1.6％高である。また、12,000円ストライクのオプションに至っては逆に1.2％分インプライド

ボラティリティは下がっていることがわかる。先物が200円上昇するなかで、ローストライクオプションのインプライドボラティリティが下がり、ハイストライクのインプライドボラティリティが上昇している。こうしたことからわれわれは、オプションマーケットでは今後もマーケットが上昇するという見通しで、コール買いプット売りのリスクリバーサルのポジションを組んでいる動きがあるものと推測することができる。このように実際のマーケットでは、アットザマネーのインプライドボラティリティだけでなく各行使価格のオプションの動きをみていくことが重要である。

図表3－10　5月20日時点のクローズ詳細

マーケット モニター	前日	当日	前日比
NIKKEI	15190	15390	200
12000	36.1%	34.9%	-1.2%
13000	32.1%	32.0%	-0.1%
14000	28.4%	29.3%	0.9%
15000	25.0%	26.6%	1.6%
16000	22.3%	24.0%	1.7%
Historical Vol	21.7%		

図表3－11　5月20日時点のPL

PL モニター	前日のPL	現時点	トータルPL
DAILY PL		¥2,132	¥2,132
Δ PL		(¥0)	(¥0)
Γ PL		¥798	¥798
VEGA PL		¥2,485	¥2,485
Θ PL		¥0	¥0
NewTrade		(¥1,018)	(¥1,018)
UnExplain		(¥133)	(¥133)

　ここで"PLモニター"を確認する。"PLモニター"内の現時点コラムのDAILY PLの行にある¥2,132が5月20日のクローズ時点のPLである。単位は1,000円なのでわれわれは本日213万円の収益をあげたということである。このPLの計算方法は、まず15,000円コールオプション分のPLとして、5月20日時点クローズのプレミアムから前営業日のプレミアムの差に100ロット

第3章　トレーディングシミュレーション

と先物1ポイントバリュー1000を乗じた金額を計算する。また、先物PLはデルタヘッジ分の59ロットショートポジションがあるので、こちらもクローズの価格から前営業日の価格の差に59ロットと1000を乗じて計算する。その合算したものが、この金額となる。ポートフォリオに入ってくる取引が増加すればその分すべてを計算し合算する。

　ここで計算された金額は正式な当日のPLであるが、なぜこのようなPLになったかは把握できない。そこで、そのPLが発生した理由を明確にするためにグリークスから計算されたPLが重要になってくる。"PLモニター"内DAILY PLの行の下は各グリークスから生ずるPLが表示されている。

　まず、デルタPLは0円になっていることがわかる。われわれはデルタニュートラルの戦略をとり、デルタヘッジをしていたのでこのグリークスから生ずるPLはゼロでなければならない。次に、ガンマPLであるが、これはプラス79万8,000円となっている。われわれはマーケットの変動を予想し、その変動幅が大きければ大きいほどガンマPLはプラスになる。また、このオプションは本日買ったものなのでセータPLはゼロである。オプションを翌営業日まで持ち越した場合、セータPLがカウントされる。NewTrade PLは約100万円のマイナスである。これはマーケットの売値でオプションを買ったためミッド価格との差から生ずるコストである。取引サイズが大きくなればこのコストは当然大きくなる。最後のベガPLであるがこれはプラス248万である。ポートフォリオのベガリスク約150万円にインプライドボラティリティの変化1.6を乗ずることで得られる。

　このベガPLは、本日の正式なPLのほぼすべてを占めているので、ベガをロングしインプライドボラティリティが上昇したことにより本日は収益があがったというのがPLが発生した理由である。

　なお"PLモニター"内のUNEXPLAINは、2章で説明したように、DAILY PLからそれぞれのグリークスの要素から計算されるPLとNewTradeのPLを差し引いた金額である。本日のPL　213万円からグリークス、

図表3−12　5月20日のクローズ時点のグリークス

リスク モニター	前日の引け時点	MKTオープン前	引け時点	リミット
Δ (lot)		−0.0	6.9	50.0
Γ(lot/¥100)		4.0	3.5	N/A
VEGA		¥1,514	¥1,447	¥5,000
θ		(¥786)	(¥801)	(¥1,000)

　NewTradeを引くと約マイナス13万円となっている。この金額がグリークスでは説明できないものであるが、トータルのPLの5％程度なのであまり問題ではない。

　次に"リスクモニター"を確認する。デルタリスクはマーケットが動く前ではゼロになっていたが、日経先物が200円上昇した結果約7ロット（6.9ロット）のロングになっている。われわれはオプションをロングしているので、マーケットが上昇すると自然にデルタはロングになる。ただ、このロングはマーケットが上昇前からあったものではなく、徐々に発生したものである。したがって、このデルタから発生したPLは7ロット×200円＝140万円の半分である、70万円と計算でき、これがすなわちガンマPLである。

　ガンマリスクは100円当り4ロットから若干減少し3.5ロットになっている。これは日経先物が15,190円から15,390円へ上昇し、われわれがもっているコールオプションの行使価格15,000円から先物の水準が遠ざかったからである。一般にオプションのリスクは、原資産価格がその行使価格から遠ざかると小さくなる傾向がある。したがって、ベガリスクも151万円から144万円へ減少している。

(4)　シナリオ2日目　リスク分析

　PLモニター、リスクモニターで自分のPL、リスクなどを分析し終えたら、メッセージ画面の［OK］ボタンを押す。ここでわれわれはシナリオ2日目へ進むことができる。①の日付を確認すると翌日の2013年5月21日になっていることがわかる。

第3章　トレーディングシミュレーション

　ここでポートフォリオのリスクをリスクモニターで確認すると、先ほど確認した5月20日のクローズ時点のグリークスは前日の引け時点というコラムへコピーされている。さらに、新たにMKTオープン前のリスクが計算され表示されている。デルタは昨日のクローズでは6.9ロットであったが、本日のマーケットが始まる前では7.1ロットとなっている。また、ガンマ、セータは若干増加し、逆にベガは減少している。これらのグリークスの計算の前提となっている先物価格やインプライドボラティリティは昨日の時点から変化していないはずであるが、グリークスがこのように変化する理由は時間の経過によるものである。

図表3-13　5月21日のマーケットオープン前のグリークス

リスク モニター	前日の引け時点	MKTオープン前	引け時点	リミット
Δ (lot)	6.9	7.1		50.0
Γ(lot/¥100)	3.5	3.6		N/A
VEGA	¥1,447	¥1,413		¥5,000
θ	(¥801)	(¥816)		(¥1,000)

　オプションの計算上時間は1日経過し、若干大げさにいえば、いま、われわれがもっている100ロットの15,000円コールは昨日よりインザマネーになる確率が上がったということである。このことからデルタは若干の増加がみられる。先物が15,390円のまま時間が経過していくときのデルタの変化の様子をグラフで表した（図表3-14参照）。オプションがインザマネーのときに時間だけが経過すると、行使する確率が高くなり、デルタが増加する様子がわかる。同時にもし先物が15,000円でわれわれのオプションがアットザマネーである場合の変化、また先物が14,500円とアウトオブザマネーであるときの変化も同時にグラフにしている。オプションがアットザマネーのケースではデルタはほぼ変わらず、またアウトオブザマネーの場合はオプションが価値を失い、デルタは逆に減少していく。

　同様にベガの変化の様子もオプションの状態別にグラフで表した（図表3

図表3-14　時間経過によるポートフォリオのデルタの変化

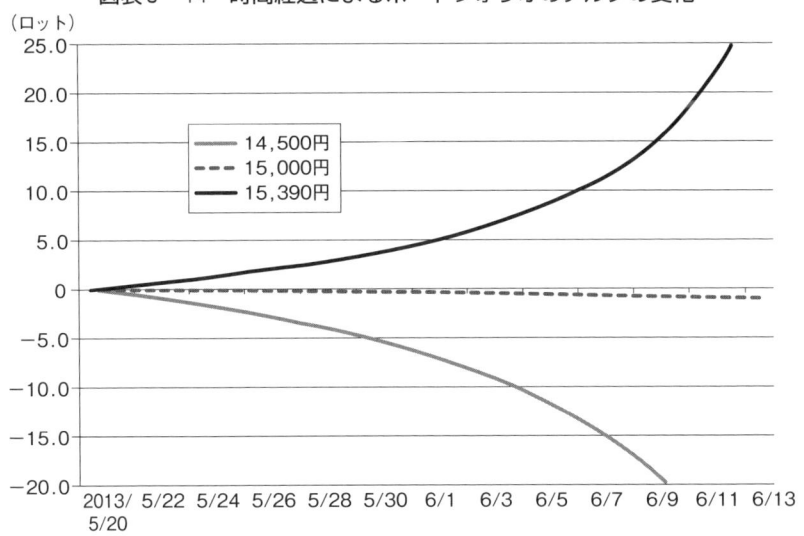

図表3-15　時間経過によるポートフォリオのベガの変化

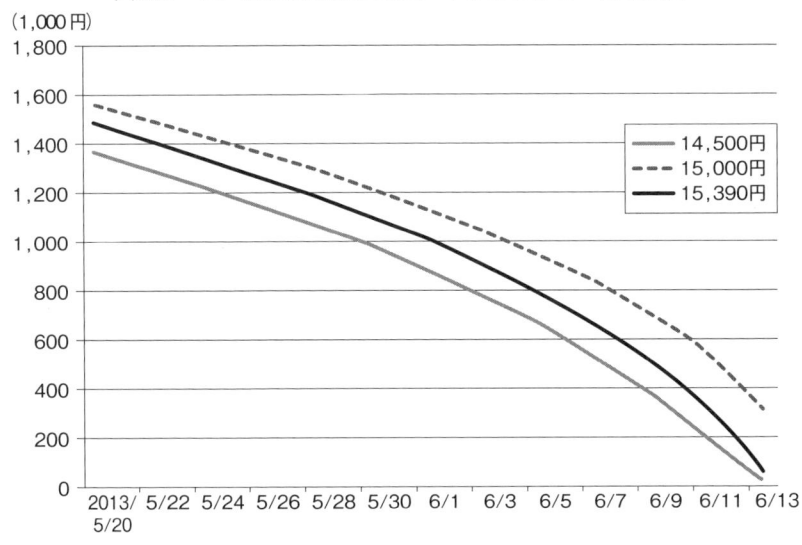

−15参照)。いずれのケースでもベガリスクは単純に減少していくのがわかる。オプションの価値は時間の経過とともにインプライドボラティリティの影響を受けなくなる。インプライドボラティリティが多少変化したとしてもオプション満期までの時間が短ければ、もはやオプションの状態を覆すところまでマーケットは動けない、というイメージである。

さて、同様にガンマについてもグラフ化してみると(図表3−16参照)、デルタ、ベガとは異なり直感的にわかりにくい部分がある。オプションの状態にかかわらず、はじめは時間とともにガンマは緩やかに増加していく。その後、アットザマネーの状態であるものだけがガンマは急激に大きくなり、その他の状態であるオプションのガンマはゼロに近づいていく。

セータのグラフもガンマと同じような性質がある(図表3−17参照)。オプションは満期が短くなるとガンマが大きくなり、セータも大きくなる。その後、さらに時間が経過すると、今度はインかアウトかはっきりみえ、確定的になり、ガンマ、セータがなくなる、というイメージである。

したがって、われわれはオプションをマネージするとき、オプション満期

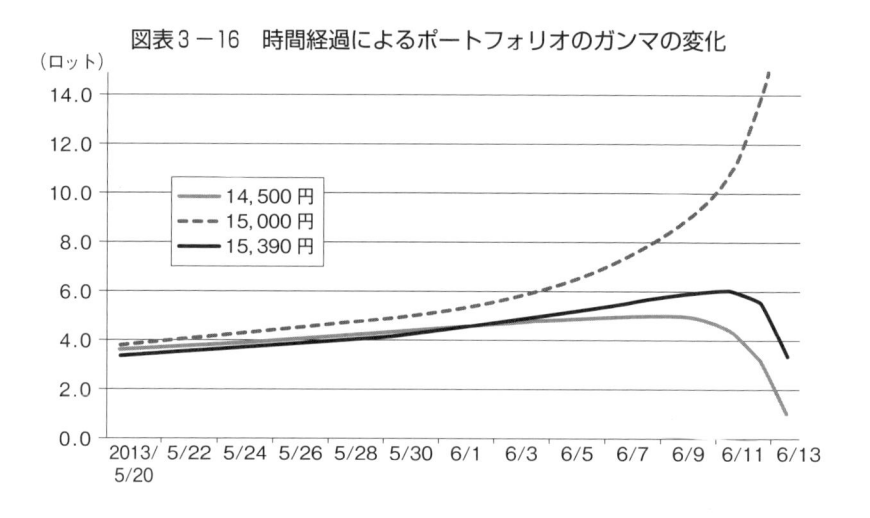

図表3−16　時間経過によるポートフォリオのガンマの変化

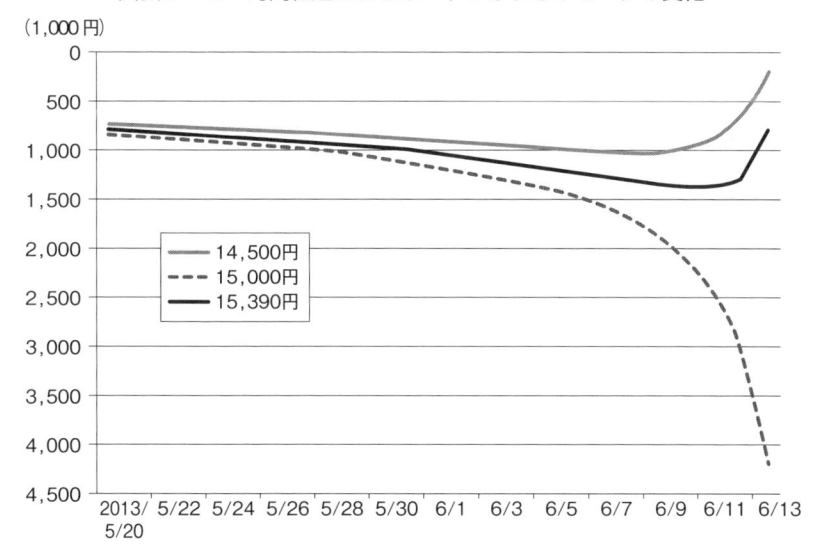

図表３−17　時間経過によるポートフォリオのセータの変化

凡例：
- 14,500円
- 15,000円
- 15,390円

が長いときは先物価格の変動よりもインプライドボラティリティの動きに注意し、満期が短くなってきたら、ガンマとセータ、すなわち先物価格の変動に気をつけるという姿勢をとるべきである。

(5) デルタヘッジ用ボタン

　いま、われわれはデルタニュートラルの戦略でトレーディングしているので、再びポートフォリオのデルタをゼロにする。取引入力画面でオプションタイプ、売買、数量を選択し先物７ロットを売ってもよいが、数量設定枠にある［Δ］ボタンを押すことでデルタを調整することができる。［Δ］ボタンは自動的にポートフォリオのデルタリスクをゼロにするように先物を取引するボタンで、デルタニュートラル戦略ではこちらを使うほうが便利である。

(6) 5月23日

　さて、デルタヘッジが完了したところで、［取引完了］ボタンを押し5月21日のクローズへ進む。2日経過したので、ここまでの累積PLはPLモニター内のトータルPL欄で確認することができる。ここでは正式なPLの合計値、各グリークスのPLの合計値を確認することができる。

　5月21日のPLとポジションを確認し本日の日付が5月22日になったところで、取引入力画面の右下の［取引中断］ボタンを押す。これを押すと一時的に中断することができ、エクセルをセーブして次回ここから始めることができる。

　再びシミュレーションを開始するためには、エクセルファイルの"START"ページの初期設定画面に戻り［レジューム］ボタンを押せばよい。

　デルタニュートラル戦略でさらに日数を経過させ、5月23日のクローズまで進めてみる。日々数量設定枠にある［Δ］ボタンを押して、［取引完了］ボタンを押していくだけの作業である。5月23日は日経平均が大幅に調整し先物価格は1,080円の下落、アットザマネーのインプライドボラティリティは12.8%高になっている。この動きに伴い、われわれのポジションも大幅に変化している。デルタは約36ロットショートになりガンマPLは1,700万円と大きな収益を生んでいる。また、インプライドボラティリティの大幅上昇によりベガPLも1,000万円とPLに大きく貢献している。一方、デルタPLはほぼゼロとなっており、デルタニュートラルの戦略どおりである。なお、UNEXPLAIN PLは今回400万円ほどであるが、全体として3,000万円ほどのPLの10%程度であるから、許容範囲とする。

(7) PLチェック

　われわれはマーケットが予想外に大きく動き、そのガンマPLでの収益を

ねらっていたが、実際にその戦略どおりのPLになった。今回は、一つのオプションと先物の組合せというシンプルなポートフォリオであったが、実際のトレーディングでは多数のオプションの組合せになり、意図したPLがないケースもある。ガンマロングデルタニュートラル戦略で、マーケットが大きく振れた場合でも期待した収益が得られないなどという場合である。このような場合、PL全体のうちどの要素が大きいかチェックする。ベガPLの要因が大きければ、オプションをデルタニュートラルで取引し、ベガリスクを調整する。

　また、UNEXPLAIN PLの金額がPLの大半を占めている場合、当日のPLの発生した要因が不明であり、今後のトレーディング方針が立てられないので、誤差が大きい場合はその原因を突き止める必要がある。実際のトレーディングの現場では新規取引のインプットミスが原因となることが多く、修正すれば誤差は小さくなる。

　インプットミス以外にある原因は先物価格、インプライドボラティリティが大きく動いた場合である。ガンマとは先物が動いた場合のデルタの変化量であった。2章では触れなかったが、先物が大きく動いた場合、ガンマリスク自身も変化するので誤差が生じる。しかし、普段のマーケットの動きではガンマ自体の変化はほぼゼロなので、ガンマの変化量まで考慮しトレーディングすることはあまりない。また、インプライドボラティリティが大きく動いた場合ベガリスクも変化する。ベガの変化量を測定するグリークスはボルガと呼ばれているが、このシミュレーションでは用意していないので誤差が生ずる原因になる。インプライドボラティリティが大きく動いた場合はベガだけでなく、デルタも変化する。先物が動いたときにデルタの変化がガンマであったが、これはインプライドボラティリティが動いたときのデルタの変化である。この量はバンナと呼ばれている。

　2章でさまざまなグリークスをまとめたが、このなかでデルタ、ベガ、セータ、ガンマがPLの要因のほとんどであり、その他は全体のPLの10％程

度であることがシミュレーションの日々のUNEXPLAIN PLを確認することで理解できるであろう。

(8) シナリオ1最終日

5月23日クローズ時点でわれわれのPLは目標である1,000万円を大きく上回っている。翌日からはポジションをクローズし最終日まで時間を進めてもよいし、このままさらなる収益を目指してデルタニュートラル戦略を続けてもよい。シミュレーション最終日の6月5日を終えると目標を達成できたかどうかの判定が行われ、達成した場合は、以下のようなメッセージでシミュレーションは終了する。

図表3−18　最終日のメッセージ

[Microsoft Excel ダイアログ: 目標を達成いたしました。 OK]

(9) その他

われわれは難易度1では、オプションをロングすることで容易にクリアすることができたが、難易度2では、セータがプラスであることが要求されている。このため単純にオプションをロングし収益をあげることは不可能である。もちろん、オプションを単純に売り、そのセータでPLをあげるという戦略も考えられるが、ベガリミットも100万までであり、また収益目標も難易度1の2倍の2,000万円となっているので非常にむずかしい。また、われわれは一度シミュレーションを通じて、このシナリオでは日経平均先物が

1,000円以上の値動きがあることも知っているので、オプションの単純ショートではむしろ大きな損失になるであろう。そこで異なるストライクのオプションのロングショートを組み合わせ、グリークスは小さくしながら収益をあげるというテクニックが必要となる。

また、"シナリオ2　ラックラスター"は2012年の中盤頃のマーケットで、動きがあまりない時期のシナリオである。オプションのショートポジションをつくることによってタイムディケイをねらう戦略が考えられる。

シナリオ2でのポジションリミットと目標PLは、図表3－19のとおりである。

図表3－19　シナリオ2難易度

シナリオ2	デルタ	ガンマ	ベガ	セータ	目標PL
難易度1	20ロット	N/A	¥5,000	¥－500	¥10,000
難易度2	10ロット	N/A	¥3,000	¥0	¥20,000

4　シカゴコーンオプション

(1)　シナリオ1

エクセルファイル"OPTION_SIM_CORN"では、シカゴ取引所に上場しているコーン先物オプションのシミュレーションを体験することができる。シナリオ1では2011年の収穫期にあたる9月20日から10月25日までのマーケットで取引を行う。ポジションリミットと目標PLはシナリオ1、2ともに共通で、図表3－20のとおりである。

コーン先物のマーケット参加者が最も注目しているのは、月1回米国農務省（USDA）が発表する8月31日時点の、全米コーン在庫の予想である。そもそもコーン先物はこの在庫水準がいくらになるかで値段が決まるといって

図表3-20 シカゴコーン先物シナリオ難易度

	デルタ	ガンマ	ベガ	セータ	目標PL
難易度1	20ロット	N/A	$5,000	-$2,000	¥10,000
難易度2	10ロット	N/A	$3,000	$0	¥20,000

も過言ではない。シナリオ1ではUSDAは10月12日に発表予定であり、数十社にも及ぶ民間のリサーチ会社、先物ブローカー、穀物メージャーなどが事前予想値をその数日前に発表する。

マーケットのおおよその流れは、このシナリオがスタートする前の9月12日に翌年8月31日時点での全米コーン在庫予想を発表したが、事前予想よりも少なかったためマーケットは高止まりしていた。しかし、その後、価格が高値圏のため需要の減少が起こり価格は修正されていく過程にあった。シナリオ1がスタートするころの価格は690セントであり、8月30日につけた高値775セントからすでに85セントほど価格は調整された。そのなかで次回10月12日のUSDAの発表でさらなる在庫の下方修正も見込まれるなか需要減もあり、マーケットは混迷する。

(2) 先物値幅制限とシンセティックフューチャー

取引所では先物やそのオプションの1日の値幅制限を設けている。決められた値幅まで価格が動くとその価格を超えて取引することはできない。シナリオ1の途中ではマーケットが値幅制限である40セント変動した日があり、実際のマーケットでは先物取引はできなかった。一方で、たとえば10%デルタしかないアウトオブザマネーのオプション価格は、先物が40セント動いても前日比で3～4セントの値動きであるから値幅制限にはかからない。したがって、デルタの小さいオプションは先物が値幅制限で取引できないときでも、活発に取引されている。オプションが取引されている限りマーケット参加者には先物も取引したいというニーズがあるため、マーケットではシンセ

ティックフューチャーと呼ばれる先物の代替商品が取引される。

シンセティックフューチャーの取引は行使価格がマーケットよりも相当低いディープインザマネーのコールオプション、たとえば行使価格が100セントなどのオプションを先物の代替として取引することである。主に満期が最も近い限月で取引されるので、タイムバリューはほぼゼロであり、また取引参加者はゼロとみなして取引している。たとえば先物取引がリミットの645セントで止まっていても、取引所のフロアではトレーダーが100セントコールオプションを555セントのプレミアムで売買し、これをもって先物を655セントで取引したものとしている。

もちろんディープインザマネーのコールオプションでも値幅制限があるので、先物と同じく取引はできない。しかし取引初日、すなわち本日上場した新しい行使価格のオプションの値幅制限は、当日の値段が基準となるというルールがある。このルールを使ってシンセティックフューチャーを取引することができる。よって、ディープインザマネーのコールオプションの行使価格は、上場していない行使価格がそのつどフロアのトレーダーによって選定され参加者に伝えられる。

また、通常シンセティックフューチャーは、取引後すぐに本物の先物になる。このシミュレーションではすべてのオプションの行使タイプをヨーロピアンとして取り扱ってきたが、実際はアメリカンオプションである。トレーダーは先ほどの例で555セントで取引したオプションの権利を取引直後に行使し、先物のポジションにする。こうすれば、オプションの管理をせずに完全に先物として扱うことができるからである。

シンセティックフューチャーの取引があればこれを先物とみなし、オプションのインプライドボラティリティを計算することができる。先物が値幅制限で止まり、オプションだけが取引されている相場には収益機会があることが多い。オプションのプレミアムに着目し取引している参加者も多いからである。このような参加者はインプライドボラティリティをそれほど気にせ

ず自分が売買したい価格を電子取引の板にオーダーをしておく。また、シンセティックフューチャー自身は電子取引ではなく、取引所のフロアでのみ取引されているので、リアルタイムでの情報がとりにくい場合も多い。そこで、このような電子取引の板でオーダーをしているオプションのインプライドボラティリティは、割安や割高なものになることがしばしばある。

(3) シナリオ2

シナリオ2では、2012年の6月1日から約2カ月間の期間で取引を行う。この年、コーンの種まきが終わる6月までは天候はベストであったため、コーン先物価格はそれを織り込み500セント近辺から400セント台へ突入するという見方が強かった。しかし、その後米国の中西部を中心に大干ばつになり、コーンの生育状況は日に日に悪化していった。このためコーン価格は次第に上昇し、高値を試す展開となった。価格の上昇とともにインプライドボラティリティも上昇し、オプションマーケットではハイストライクのコールオプション価格の正当性がテーマになった。

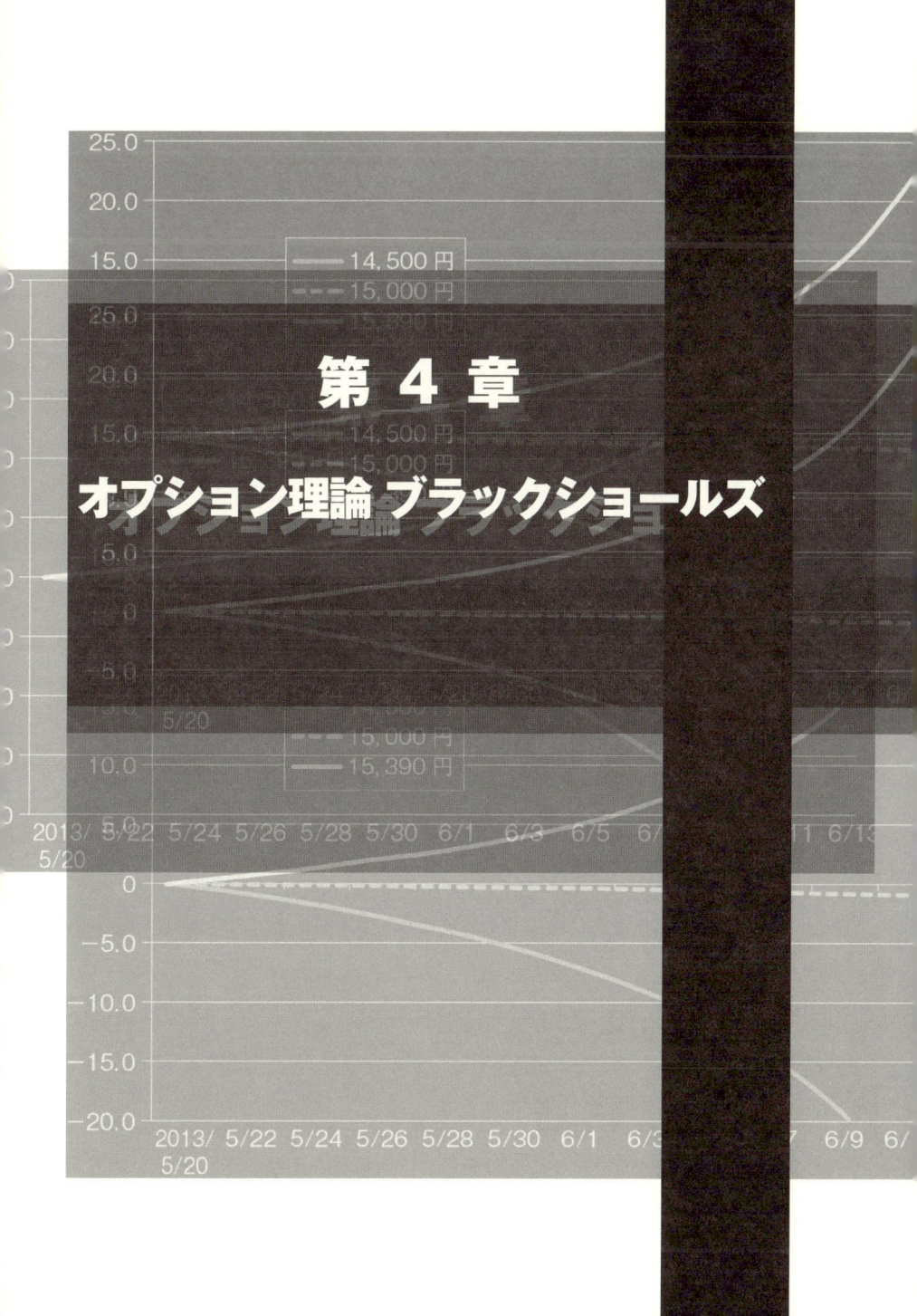

第 4 章
オプション理論 ブラックショールズ

第4章　オプション理論 ブラックショールズ

　3章のシミュレーションでは、われわれはオプショントレーディングを疑似体験したが、本章ではオプショントレーディングで使用したブラックショールズのモデルを簡単に説明する。モンテカルロシミュレーションというツールを用いることで、われわれはブラックショールズモデルの仕組みを理解し、公式を使うことなくオプション価格を計算することができる。また、モンテカルロシミュレーションを用いると、これまで述べた単純なオプションのほかにもっと複雑なオプション価格も計算できるので、例としてコモディティデリバティブでよく用いられるアベレージオプションのプライシングを行う。また、モンテカルロシミュレーションと並んでよく使われるツリーモデルを用いて、行使がいつでもできるアメリカンオプションについて考察する。アメリカンオプションは海外先物オプションマーケットで採用されているので、ヨーロピアンオプションとの相違点を知る必要がある。

　3章のシミュレーションでも再現されているが、実際のオプションマーケットでは、スマイルと呼ばれる行使価格ごとに割安や割高になっている現象がある。これを管理するためにインプライドボラティリティを確率変数として扱うことができる高度なモデルを5章で説明するが、そのためには本章でのブラックショールズのモデルとモンテカルロシミュレーションの理解が必要である。

1 ブラックショールズ

(1) 確定モデル

　われわれはオプション価格の計算にブラックショールズの公式を用いた。この公式の基となった価格モデルについて分析をする。これまで扱ってきた日経先物を題材として価格モデルを構築する。まず、価格モデルとは先物価格が毎日変動している要因を分析し将来の価格を予想するためのものであ

る。将来の先物価格が予想できれば、そのオプション価格も計算できるであろうという理屈である。

ここで記号を、以下のように約束する。

F　本日のクローズ時点の先物価格
G　明日のクローズ時点の先物価格
D　1日分の時間を年単位にした値。すなわち、1÷365＝0.00274

また、先物の将来価格の予想をするにあたって、今後上昇するのか下落するのかの見通しを数値化したものを

M　先物期待上昇率

とする。

この数字は年率で表示され今後先物が年率で7％上昇すると考えているならばM＝7％となり、景気悪化などで値下がりし、年間で10％の下落を予想するならば－10％である。

上の記号の約束から先物の1日の変化率は、その変化幅をクローズ時点価格で割って

　　(G－F)/F

と表せる。そこで、

　　(G－F)/F＝M×D ……［モデルa］

とおくと、一つの将来の価格予想モデルができる。このモデルの意味は今日から明日にかけて先物の変化率は期待上昇率の1日分であるということである。実際にM＝7％として数字を当てはめてみれば、

　　7％×0.00274＝0.01918％

これが、先物が1日で変化する変化率である。［モデルa］を変形すれば、

　　G＝F×(1＋M×D)

となるので、今日のクローズ時点の日経先物が20,000円だとすれば、明日は20,000円×（1＋0.01918％）＝20,003.836円になる、というモデルである。2日目にも同じ式を当てはめ、その翌日の先物価格も計算することがで

1　ブラックショールズ　135

きる。この場合には20,003.836円に（1＋0.01918％）を掛けると3日後の価格は20,007.672円と計算できる。このように繰り返し当てはめることによって将来のある時点の先物価格を予測することができる。

このモデルを繰り返し用い、365回（1＋0.01918％）を掛け1年後の先物価格を予測すると、

　　20,000×（1＋0.01918％）×（1＋0.01918％）×……×（1＋0.01918％）
　　＝21,450.16円

となり、確実に7％上昇していく。

しかし、仮に1年後、日経先物が予想どおりこの価格になったとしても、われわれはその途中マーケットは上がったり下がったりと不規則な動きを繰り返しながら、不確実性をもってその価格に到達するということを経験から知っている。したがって、明らかにこのモデルは不確実性の部分が欠如し、実態を表現するのに不十分である。

(2) 乱数モデル1 （Excel_MC参照）

そこで、不確実性の部分を表現するため乱数という概念を導入する。乱数とは何かわかりやすく説明するために、いま外から中がみえない大きな黒い袋があり、その中にはボールがたくさん入っていると仮定する。これらのボール一つひとつには数字が書いてあり、この数字はマイナスの数からプラスの数までのいろいろな数字、たとえば－0.2、＋1.5などである。ただし、あくまでも先物価格の動きをモデル化するためなので、ボールに書いてある数には、ある一定の法則を仮定する。大多数のボールにはゼロに近い数字を書き、±3を超えるものはほぼないようにする。たとえば1,000個の数を用意するなら、エクセルシート"乱数"上の［計算］ボタンを押すとB列に数字の列が出てくるので、このような数字が書いてあるボールが袋に入っているとイメージすればよい。B列は［計算］ボタンを押すごとに異なる数字の列になるが、そのうち、ある回の1,000個の数を範囲に区切って、そのおの

図表4－1　1,000個の乱数の分布

数字の範囲		個数
－5以下		0
－5	－4.5	0
－4.5	－4	0
－4	－3.5	0
－3.5	－3	0
－3	－2.5	6
－2.5	－2	15
－2	－1.5	41
－1.5	－1	92
－1	－0.5	143
－0.5	0	211
0	0.5	196
0.5	1	143
1	1.5	82
1.5	2	48
2	2.5	17
2.5	3	5
3	3.5	1
3.5	4	0
4	4.5	0
4.5	5	0
5以上		0

おのおのの範囲に入っている数字の個数を図表4－1にまとめた。

この回では－0.5からゼロの間にある数字が211個といちばん多く、3より大きい数字は1個また－3以下はゼロとなっている。これらの数字が書いてあるボール1,000個のうちから、一つ取り出したときに書いてある数字をEと書くことにする。この数字は袋から取り出すたびに異なるものが出てくる

第4章　オプション理論　ブラックショールズ

ので乱数と呼ばれる。こういった乱数を使ってマーケットが不規則に動く部分を表現する。

　われわれは、先物の種類や取引の時期によって変動の度合いが異なることを経験上知っているので不規則さの大きさも導入し、それを一定の数 σ（シグマ）と書くことにする。不規則さの大きさ σ は、2章と3章でみてきたインプライドボラティリティのことである。

　[モデルa]に不規則さを追加するために、乱数Eに度合い σ を掛けさらに1日分の時間を掛けたものを加えると、

$$(G-F)/F = M \times D + \sigma \times E \times D \quad \cdots\cdots \text{［モデルb］}$$

と表現できる。σ を仮に20％とし、乱数Eはエクセルシート"乱数"のB列の上から順番にとってくることで袋からボールを取り出したことにする。このようにして実際に数字を当てはめ計算したものがエクセルシート"model b"の表である。

　1日目の変化率は7.00％×0.0027＋20％×1.67×0.0027で計算され0.11％となる。いま先物が20,000円であったのでこれに変化率を掛けると20,022円になる。2日目以降も同様に計算すると、図表4－2のようになる。

図表4－2　[モデルb]による日経平均価格の変化（σ＝20％）

	M	D	σ	E	D	一日の変化率	20,000円
1日目	7.000％	0.0027	20％	1.67	0.00274	0.11％	20,022円
2日目	7.000％	0.0027	20％	－0.38	0.00274	0.00％	20,022円
3日目	7.000％	0.0027	20％	0.05	0.00274	0.02％	20,026円
4日目	7.000％	0.0027	20％	－0.42	0.00274	0.00％	20,025円
5日目	7.000％	0.0027	20％	0.32	0.00274	0.04％	20,033円
6日目	7.000％	0.0027	20％	0.13	0.00274	0.03％	20,038円
7日目	7.000％	0.0027	20％	－0.45	0.00274	－0.01％	20,037円

　この[モデルb]を繰り返し使用し将来の先物価格を予想するとたしかに

乱数の影響を受け不規則に先物は動くが、値動きの範囲をみると7営業日で20,000円から20,038円の間しか動いていない。われわれが3章のシミュレーションでみた実際のマーケットは、1日に200円以上の値動きなどがあったことを思い出すと、このモデルは実勢に合っていない。

そこで、大きくマーケットが動くことを再現するために、不規則の度合いσを80％と大きくしたシミュレーションをエクセルシート"model b2"で行った。

図表4－3　［モデルb2］による日経平均価格の変化（σ＝80%）

	M	D	σ	E	D	一日の変化率	20,000円
1日目	7.000%	0.0027	80%	1.67	0.0027	0.39%	20,077円
2日目	7.000%	0.0027	80%	－0.38	0.0027	－0.07%	20,064円
3日目	7.000%	0.0027	80%	0.05	0.0027	0.03%	20,070円
4日目	7.000%	0.0027	80%	－0.42	0.0027	－0.07%	20,056円
5日目	7.000%	0.0027	80%	0.32	0.0027	0.09%	20,074円
6日目	7.000%	0.0027	80%	0.13	0.0027	0.05%	20,083円
7日目	7.000%	0.0027	80%	－0.45	0.0027	－0.08%	20,067円

日々の変化はσが20％のときよりは大きくなってはいるが、"model b2"を参照すれば365日分計算しても値幅がイベントで動くような動きが再現されていない。［モデルb］は、こうした点で日々われわれがみている相場の動きとはやや異なったイメージのモデルになってしまう。もちろん、σをさらに大きくすれば大きな値動きはみられるが、次に紹介するモデルと比較すると決定的に劣後する点がある。

(3)　乱数モデル2　（Excel_MC参照）

そこで、乱数Eにその度合いσを掛け大きさを調整した後、1日分の時間の長さをそのその平方根をとってから掛ける。

このように仮定すると先物モデルは、

(G－F)/F＝M×D＋σ×E×$\sqrt{D}$ …… ［モデルc］

となる。このモデルを用い先物価格のシミュレーションを行うと、エクセルシート"model c"の表のように20,000円からスタートした先物価格は200円、ときには500円などの変動になり、1日分の時間の長さをそのまま掛けたときよりは現実の値動きに近いイメージになる。

そこで、先物価格モデルとして［モデルc］を採用することにする。

図表4－4　［モデルc］による日経平均価格の変化（σ＝20%）

	M	D	σ	E	D	一日の変化率	20,000円
1日目	7.000%	0.0027	20%	1.67	0.0523	1.77%	20,354円
2日目	7.000%	0.0027	20%	－0.38	0.0523	－0.38%	20,276円
3日目	7.000%	0.0027	20%	0.05	0.0523	0.07%	20,291円
4日目	7.000%	0.0027	20%	－0.42	0.0523	－0.42%	20,206円
5日目	7.000%	0.0027	20%	0.32	0.0523	0.35%	20,278円
6日目	7.000%	0.0027	20%	0.13	0.0523	0.15%	20,308円
7日目	7.000%	0.0027	20%	－0.45	0.0523	－0.45%	20,217円

［モデルc］の優れている点は、これまでは1日の変化率を計算しそれを積み上げて将来の価格予想をしているが、さらに短い時間、たとえば1時間当りの変化率を計算しそれを積み上げても計算できる点にある。エクセルシート"model c2"において1時間当りの変化率を計算するため、変数Dをさらに24で割り1時間とし計算した。24時間後、48時間後の先物価格を取り出して並べると図表4－5のようになる。

図表4−5　[モデルc]を1時間単位で適用した場合の日経平均価格の変化

一日の変化率	20,000円
24時間	20,035円
48時間	20,407円
72時間	20,564円
96時間	20,567円
120時間	20,513円
144時間	20,408円
168時間	20,520円
192時間	20,565円
216時間	20,509円
240時間	20,405円
264時間	20,187円
288時間	19,930円
312時間	19,748円
336時間	19,804円
360時間	20,232円

　この表をみると、日々の変化幅は50円から400円となっており、1日の変化率をもとに価格計算を行った場合と同じような値動きになっている。[モデルc]は時間の分割を細かくしても価格の変動の様子が一定になっている点が優れている。このことをよりはっきりみるため、[モデルb]でも1時間当りの変動を積み上げ価格計算を行いそれを1日ごとに取り出す。"model b3"シートでは"model b2"と同じσ80％を用いて計算を行った。この結果、1日当りの値動きは同じσの値を使用したにもかかわらず"model b2"よりも単調になっている。[モデルb]では時間の分割を細かくするとσの値を大きくし、変動幅を調整する必要がある。時間の分割の方法によって価格変動の様子が異なるモデルは不都合が生ずる場合もあることを考えれば、[モデルc]はより使いやすいモデルである。

第4章　オプション理論　ブラックショールズ

図表4－6　［モデルb］を1時間単位で適用した場合の日経平均価格の変化

一日の変化率	20,000円
24時間	20,013円
48時間	20,059円
72時間	20,084円
96時間	20,093円
120時間	20,097円
144時間	20,095円
168時間	20,115円
192時間	20,129円
216時間	20,132円
240時間	20,131円
264時間	20,117円
288時間	20,100円
312時間	20,090円
336時間	20,105円
360時間	20,158円

2　モンテカルロシミュレーション（Excel_MC参照）

われわれは先物価格モデルとして、

$$(G-F)/F = M \times D + \sigma \times E \times \sqrt{D} \quad \cdots\cdots \text{［モデルc］}$$

を採用した。

　1年後の先物価格を予想するには乱数を取り出し365回計算を行うが、乱数を使っているため1回の計算で予想された価格はそのつど異なる。われわれは、これらのモデルを使ってオプション価格を求めたいが、1回ごとに先物予想価格が異なると、そのオプション価格も異なるのでこのままでは計算に使えない。そこで先物価格予想のシミュレーションを1回ではなく数万回

行いその平均をとることにする。シミュレーションの回数を相当数行うことでその平均した価格はほぼ一定となるので、オプション価格を計算することができる。

　エクセルシート"モンテカルロ"では先物の予想価格をモンテカルロシミュレーションを用いて計算することができる。セルG3～G14の項目を以下の要領で順次インプットすればよい。SpotPriceには20,000円をセットしておく。Timeは年単位で1年の場合は1、3カ月ならば0.25などを入力する。ここでは1年後の予想価格を求めるので1を入力する。次のDividendは仮にゼロにしておく。Volatilityは、3章のトレーディングシミュレーションで実際に取引があったレベルである20％を入力する。期待上昇率は、今後どれほど先物が上昇するか主観で、たとえば年率7％とする。

　パス数は1年後の価格を求めるために何回シミュレーションを行って平均をとるかの数である。1回のシミュレーションを一つのパスと呼ぶこともあり、そのパスの回数である。ここでは10万回に設定する。

　実際に［計算］ボタンを押すと将来価格は21,450円近辺の数字となる。これは先物が20,000円からスタートし年率7％で上昇すると予想しているので、

　　20,000×（1＋7％/365）^365＝21,450円

と期待どおりである。

　このモンテカルロシミュレーションを通してわかることは、インプライドボラティリティをいろいろな値にしても結果は同じになることである。言い換えれば将来価格の予想は、インプライドボラティリティによらないということである。

　このことは、為替などのフォワードレートの計算にオプションのインプライドボラティリティが不要であるという事実と整合している。

　われわれは、モンテカルロシミュレーションを通じてこのモデルのおおまかな仕組みを理解することはできた。実際にオプション価格や、さらに一般

2　モンテカルロシミュレーション　143

的なデリバティブ価格を計算するためには、もう少し改良を加え、後に述べる［モデルc2］を使用する必要がある。

3 期待上昇率

(1) ［モデルc］の一般化

われわれは、［モデルc］を用いて先物価格の将来価格の予想を行ったが、もう少し正確に書く必要がある。それは原資産が時間とともにある決まった価値を生み出し、それが支払われるものであるとき、［モデルc］は、

$$(G-F)/F = (M-Q) \times D + \sigma \times E \times \sqrt{D} \quad \cdots\cdots \text{［モデルc1］}$$

となる。

具体的に原資産が株の場合で述べると、株は年1、2回配当があり配当を受ける権利日を過ぎると配当落ちとなる。たとえば株価が1,000円で配当が10円とすると、配当権利日を過ぎると理論的には株価は配当分だけ価格が下がり990円になる。これは、1,000円という株価に配当金の10円が含まれ、この部分が配当落ちによって切り離されるという意味である。配当落ちによって10円分株価が安くなるということは前もって確定しているので、株の将来価格を予想するとき、われわれはこの分を差し引いておかなければならない。それがこのモデルのQの意味するところである。

また、原資産がドル円レートのときドルを定期預金にすると利息がつく。100ドル預金し利息が10％であれば1年後110ドルになっている。利息としての10ドルを円転して受け取ると考えると、100ドルという資産は配当が10ドル分ある株のようなものである。よって、円建てでみたドルの価格はこの利息の支払日後に10ドル分、配当落ちで下がっているはずである。この分の修正利率がQである。

原資産が先物のとき、Qは短期金利である。先物は何も生み出していない

ようにみえるが、実は金利分を生み出している。たとえば日経先物を20,000円で買ってもその元本相当に当たる20,000円をその日に払うわけではないので、その金額に対するコストはかからない。しかし、株や為替と同じような考え方をすると、先物の買いは、20,000円を借りて先物を買いその金額を相手に支払うが、20,000円の借入れの金利分は先物自体が補充し、相殺しているという解釈もできる。こう考えると、先物は短期金利分の価値を生み出していることになるのでQは短期金利に相当する。これまで先物のモデルを［モデルc］としてきたが、正確にはQ分修正し、［モデルc1］とすべきである。

(2) 期待上昇率と短期金利

　オプション価格などの現在価値の計算結果は、その原資産自体が自由に売買できるものであれば、［モデルc1］のパラメータの期待上昇率Mに依存しない、という重要な事実がある。すなわち、オプション価格を計算するときに期待上昇率を任意の数値にすることができる。このとき、期待上昇率として短期金利を使用すると計算が最も簡単になる。期待上昇率として短期金利を用いる場合、モンテカルロシミュレーションでは、はじめにオプション満期日の期待値を計算し、それを短期金利で現在価値に割り引くことで正しいオプション価格を計算することができる。もし、短期金利以外の期待上昇率を入力した場合、割引率の計算が不明であり、うまく現在価値に直すことができない。この期待上昇率は原資産のリスクに応じた数値であるので、原資産価格そのものの割引には使えるが、その原資産を対象としたオプションのリスクは原資産のそれとは異なるため、オプションの割引率としては使えないからである。よって今後は、［モデルc1］で期待上昇率として短期金利を使用する。

$$(G-F)/F = (r-Q) \times D + \sigma \times E \times \sqrt{D} \cdots\cdots [モデルc2]$$

　このモデルによって、われわれは単純なオプションやさらにアベレージオ

プションなどさまざまなデリバティブの現在価値を計算することができる。

　期待上昇率を短期金利とするのは、あくまでデリバティブの現在価値の計算用として［モデルc2］を使用するときの話である。将来価格そのものを予想しそれを投資に応用するときには当てはまらない。また、原資産が自由に売買できるということも重要である。たとえば原資産が現物の農産品であるとき、買いはできるが、空売りすることはなかなかむずかしい。したがって、現物農産品のスポット価格からデリバティブの一つであるその先物価格を［モデルc2］を用いて計算することはできない。このことから、現物のスポット価格に比べ期先の先物価格が非常に安くなっていたり、先物の期近と期先の価格差が非常に大きくなったりすることがある。為替や金利のフォワード取引と異なり、参加者は需要と供給の観点で先物価格を考えている。

(3)　先物オプション再計算（Excel_MC参照）

　(1)で述べたように、［モデルc2］において先物は短期金利分を生み出す資産なのでQは短期金利であった。したがって、［モデルc2］では期待上昇率とQが打ち消しあって、

$$(G-F)/F = \sigma \times E \times \sqrt{D} \quad \cdots\cdots \text{［モデルc3］}$$

となる。

　エクセルシート"オプション価格"ではサンプルとして、

日経先物	12月限月（Z3）	価格　18,000円
行使価格	20,000円	
オプション満期	1年	
インプライドボラティリティ	20.00%	
円短期金利	3.00%	

を計算している。モンテカルロシミュレーションによりオプション満期時点でのオプションの期待値を計算し、その結果がセルH17に出力されている。

この結果を短期金利である3.00％で割引し現在価値に変換している。この計算結果は、ブラックショールズの公式からの価格とほぼ一致する。

(4) さまざまな派生商品への応用

われわれは(3)で述べたヨーロピアンオプションの価格だけではなく、さらに一般的にその原資産を対象とした派生商品の現在価値を計算することができる。たとえばアベレージオプションなども一つの原資産からの派生商品である。われわれは、このような商品も［モデルc2］を用いて計算することができる。

4 アベレージオプション

(1) レートアベレージ

コモディティデリバティブのなかでも船賃や非鉄などの分野では、現物のスポット取引の終値や加重平均値などを指標として取引している。これらの指標は、大量の売買がある日に集中すると、通常とは異なる価格になることもある。金利や為替のように大きなマーケットであれば大量の売買でも影響は軽減されるが、現物の種類によっては数量に限りがあるので、その日の価格は予想を超え大きく動いてしまう場合もある。そこで、そのような指標を用いるコモディティデリバティブでは、1日の指標を使うのではなく数日間の平均、あるいは1カ月平均など、ある期間の平均値を用いる。期間平均値をとれば全体の需給を反映した変動価格となり、価格の不公平感を減少させることができる。

たとえば、その時々のスポット価格で現物を購入している会社が価格を1年間固定化したい場合、スポット価格の月間平均値と固定価格の交換というようなスワップを行う。また、このようなスワップ取引が活発であることか

ら、それに対するオプション取引もよくみられる。これらは月間平均値を対象としたコールやプットオプションであるが、アベレージオプションと呼ばれている。

アベレージオプションとは、たとえばオプション満期日は3カ月後、指標の平均の計算期間が2カ月後から満期日までの1カ月間、行使価格が10,000ドルのコールオプションというような取引である。平均値と行使価格を比較し平均値が行使価格以上であればインザマネーとなり、その差額をオプションの売り手が買い手に渡す仕組みである。

(2) ストライクアベレージ

アベレージオプションにはもう一つ種類がある。先ほどの例を使うと、行使価格は10,000ドルではなく2カ月後から1カ月間の平均値が行使価格になる。オプション満期日の指標価格とこの行使価格を比較し指標価格が上回っていれば、差額をオプションの売り手が支払うという仕組みである。このタイプのオプションは、行使価格が平均値であるのでストライクアベレージオプション、(1)で述べたタイプはレートアベレージオプションと呼ぶ。この二つは紛らわしいが、コールオプションの買い手は、レートアベレージを使えば固定価格が保障されるし、ストライクアベレージを使うとその期間の平均値が保障される、と考えれば容易に区別できるであろう。

(3) デイリーオプション

また、レートアベレージオプションに似ているオプションにデイリーオプションがある。このオプションはアベレージオプションで、平均値を計算する期間の各日付を満期とするヨーロピアンオプションの集合体である。上記例でいえば、2カ月後に満期になるヨーロピアンコールオプションを想定元本を日数で除した分を一つ買い、2カ月と1日後に満期になるコールを同様に買い、と単純に3カ月後まで並べていったものである。オプションからの

最終的な支払金額はアベレージオプションに比べ、このデイリーオプションのほうが必ず等しいか大きくなる。なぜならばデイリーオプションでは、平均値を計算する期間中に1回でも指標が行使価格を上回れば支払いが発生し、アベレージオプションは期間中に行使価格を上回っても最終的な平均値が行使価格を下回ると支払いが発生しないからである。また、デイリーオプションの特徴は、毎日一定量の価格が確定していくことである。毎日平均的に買う人にとって、一日ごとに買値を確定させることで管理も通常の平均買いと同様に行える。アベレージオプションは最終日までそのペイアウトが確定しないので、日々いくらで買えたのかを管理するうえでは空白期間ができることになる。

(4) アベレージオプションの計算（Excel_MC参照）

アベレージオプションの価格計算で最も簡単な方法は、3で述べた［モデルc2］を利用したモンテカルロシミュレーションを用いる方法である。

はじめに、以下のサンプルのアベレージオプションを計算してみる。

日経先物	12月限月（Z3）	価格　18,000円
行使価格	20,000円	
オプション満期	1年	
インプライドボラティリティ	20.00%	
円短期金利	3.00%	
平均算出期間	1年間	

エクセルシートではVBAでプログラムを組んであり、このサンプルでの引数は図表4－7のように入力している。

プログラムの概略は、まず取引日から満期日までの一つのパスのなかで日々のクローズ価格を計算し、同時にその平均値も計算していく。そのパスの最終日には平均値の計算も終了しているので、その値と行使価格を比較し

てオプションの支払額を一つのパスからのオプション値とする。後はパスを十分大きな値にとり、その平均値が実際のオプション価値になる。

また、アベレージオプションに関しては多くの書物にその近似解が乗せられている。そのうちの一つもエクセルシートに同時に計算される。

図表4－7　モンテカルロシミュレーションの入力値

SpotPrice	18000
Strike	20000
Time	1
Interest	3.00%
Volatility	20.00%
Dividend	3.00%
OptionType	Call

5 アメリカンオプションとツリーモデル（Excel_MC参照）

先物オプションは、行使タイプが満期日にのみ行使ができるヨーロピアンタイプと満期日までいつでも行使できるアメリカンタイプの2種類あり、取引所や商品によって異なる。多くの取引所ではユーザーの利便性を考えアメリカンタイプを採用している場合が多い。ただ、オプションには保険的な性質があり、感覚的にいえば、その期間が長いほど価値があるように思える。

そこで、オプションを満期日前に行使をすることで得られるメリットがあるのか調べてみる必要がある。アメリカンオプションの価格を計算するには、関数的な解法やモンテカルロシミュレーションによる計算が困難であるため、ツリーモデルと呼ばれる別のモデルが必要になってくる。

ここではツリーモデルのなかでも最も簡単な2項モデルをエクセルシートに組み込んである。簡単に説明すると、まず、与えられたインプライドボラティリティから、本日の先物価格が非常に短い時間に上がりうる価格と下が

りうる価格を計算する。ここでモデルは単純化されているので、上がるか下がるかの2択になっている。また、同時に上がる確率、下がる確率も計算される。次のステップでは、いまのステップで上がった価格から上がる、下がる、下がった価格が上がる下がる、という四つのケースについて計算する。同様に満期日まで同じステップを繰り返していくが、1ステップ進むごとに計算量は増加していく。満期までのとりうる価格とその確率がわかれば、後は期待値を計算し、短期金利で割り引き現在価値を計算するという仕組みである。

エクセルシート"ツリーモデル"では、

日経先物	12月限月（Z3）	価格　18,000円
オプション満期	1年	
インプライドボラティリティ	20.00%	
円短期金利	3.00%	

のサンプルで行使価格がアットザマネーの18,000円、アウトオブザマネーの22,000円、またディープインザマネーの12,000円の3種類のオプションについてアメリカンとヨーロピアンのケースを計算している。また、金利は3.00%を仮定している。アメリカンを計算するときの引数は図表4－8のよ

図表4－8　ツリーモデルの入力値

SpotPrice	18000
Strike	22000
Time	1
Interest	3.00%
Volatility	20.00%
Dividend	3.00%
OptionType	Call
mesh	500

5　アメリカンオプションとツリーモデル

うになっているが、これまでのヨーロピアンのものとほぼ同じである。meshという項目はオプション満期までの先に述べたステップ数のことである。いま500を引数にとっているが、これは1年間を500回のステップで計算するということである。十分大きな数をとれば計算結果は収束してくる。

アウトオブザマネーのケースでは、アメリカンもヨーロピアンも319円程度で、両者の価格はほぼ同じになっている。行使する確率が低い場合、途中で行使できるメリットは価格にあまり影響を及ぼさない。

ディープインザマネーのケースでは、ヨーロピアンは7,764円になり、ベガリスクをみるとほぼゼロになっている。大まかにいえば、この状態のヨーロピアンオプションはオプションとしての価値はなく先物と等しいということである。1年先の満期日には8,000円を手にできるが、この現在価値は、8,000円を金利3.00％で割り引いた金額

$$8,000 \times \text{EXP}(-3.00\%) = 7,763$$

になる。この現在価値がヨーロピアンの価格となる。

一方、アメリカンオプションでは直ちに行使し、8,000円を現金化できるため、この価値がそのままオプション価格になっている。この現金化された8,000円は3.00％の金利で満期までの1年間運用すれば、$8,000 \times \text{EXP}(3.00\%) = 8,243$円になる。ヨーロピアンが満期日に8,000円になっているのに対してアメリカンは1年間の金利分の243円をメリットとして受けられる。このようにアメリカンを満期日前に行使することによるメリットは金利からくる利息の差になっている。

アットザマネーのケースでは10円ほどの差である。1年オプションであれば通常のマーケットの売値と買値の差以下の範囲である。直観的にはいまアットザマネーのオプションが将来ディープインザマネーになる確率はあるものの、それには時間がかかり、満期日に近い場合に起こったとしても利息分の金額はわずかになるので、さほど価格差がないということである。

6　引数Dividendについて

(1)　引数Dividendの再考

　2章の3(5)では、オプション価格をエクセルで求めるときにALKOM_OptionPriceという関数を用いた。日経平均のオプションを、日経先物を使って計算する場合や為替オプションでフォワードレートを用いて計算する場合に、われわれは変数Dividendには金利と同じ数値を入力した。このようにこれまでDividendについては深く考察しなかったが、実はDividendはブラックショールズのモデルの内部でオプションの満期日に相当するフォワードレートを算出するために使用されている。再び次の為替オプションの例を考え、2通りの方法で計算する。

取引日	2014年1月1日
スポット価格	105円
行使価格	110円　コールオプション
オプション満期（6カ月）	2014年7月1日
インプライドボラティリティ	11.00%
円短期金利	0.25%
ドル短期金利	0.75%

オプション計算方法①

　関数に以下の値を入力すれば、オプションプレミアム1.338が得られる。

図表4－9　スポットベース為替オプションの入力値

関数名	ALKOM_OptionPrice	入力
引数1	SpotRate	105
引数2	Strike	110
引数3	Time	0.5

第4章　オプション理論　ブラックショールズ

引数4	Interest	0.25%
引数5	Volatility	11.00%
引数6	Dividend	0.75%
引数7	OptionType	Call

オプション計算方法②

　この条件で6カ月先のフォワードレートは、
　　105×EXP（(0.25%−0.75%)×0.5）=104.7378
であった。このフォワードレートをSpotRateへ代入し、Dividendに0.25%と引数4の円金利と同じレートを入力してもコールオプションのプレミアム1.338を得ることができる。

図表4−10　フォワードレートベース為替オプションの入力値

関数名	ALKOM_OptionPrice	入力
引数1	SpotRate	104.7378
引数2	Strike	110
引数3	Time	0.5
引数4	Interest	0.25%
引数5	Volatility	11.00%
引数6	Dividend	0.25%
引数7	OptionType	Call

　ここで、Dividendを0.75%としたときのオプションモデルが内部で仮定している6カ月後のフォワード価格を求めてみる。行使価格とVolatilityを限りなくゼロに近い値に設定し、必ず行使するオプションをつくる。

図表4－11　オプションモデルによるフォワードレート計算入力値
（ドル金利0.75%）

関数名	ALKOM_OptionPrice	入力
引数1	SpotRate	105
引数2	Strike	0.0001
引数3	Time	0.5
引数4	Interest	0.25%
引数5	Volatility	0.0001%
引数6	Dividend	0.75%
引数7	OptionType	Call

　このオプションの意味するところは、ドルを6カ月後に無料で買うことのできる権利であるから、6カ月後のオプション価格はフォワードレートそのものになっているはずである。もし、このオプションとフォワードレートに価格差があればアービトラージができるからである。実際に、このオプション価格を計算すると、104.6069という結果が得られる。この値は現在価値であるので、これにEXP（0.25%×0.5）を掛け6カ月後の将来価値を計算すると、

　　104.6069×EXP（0.25%×0.5）＝104.7377

となる。先に直接フォワードレートを計算した結果104.7378とほぼ一致していることがわかる。
　今度は、Dividendを1.50%としモデル内部のフォワードレートを計算してみる。

図表4－12　オプションモデルによるフォワードレート計算入力値
（ドル金利1.50%）

関数名	ALKOM_OptionPrice	入力
引数1	SpotRate	105
引数2	Strike	0.0001

第4章 オプション理論 ブラックショールズ

引数3	Time	0.5
引数4	Interest	0.25%
引数5	Volatility	0.0001%
引数6	Dividend	1.50%
引数7	OptionType	Call

　オプション価格は104.2153になり、同様に6カ月後の将来価値に直すと、
　　104.2153×EXP（0.25%×0.5）＝104.3457
となる。仮にドル金利が0.75%ではなく、1.50%として通常どおりのフォワードレートを計算すれば、
　　105×EXP（(0.25%－1.50%)×0.5）＝104.3458
となり、ほぼ一致する。
　また、Dividendを0.25%と円金利と同じレートにしてモデル内部のフォワードレートを計算してみる。

図表4－13　オプションモデルによるフォワードレート計算入力値
　　　　　（ドル金利0.25%）

関数名	ALKOM_OptionPrice	入力
引数1	SpotRate	105
引数2	Strike	0.0001
引数3	Time	0.5
引数4	Interest	0.25%
引数5	Volatility	0.0001%
引数6	Dividend	0.25%
引数7	OptionType	Call

　オプション価格は104.8687になり、同様に6カ月後の将来価値に直すと
　　104.8687×EXP（0.25%×0.5）＝104.9999
となり、スポット価格の105とほぼ一致する。また、Dividendを0.25%のままでスポットレートに「オプション計算方法②」で得たフォワードレート

104.7378を代入すると、モデルが仮定しているフォワードレートもそのまま104.7377になる。

図表4－14　引数Dividendとオプションモデルのフォワードレートの関係

引数6 Dividend	引数1 SpotRate	行使価格0の オプション価格	オプションインプライドフォワードレート	
0.75%	105.0000	104.6069	104.7377	計算方法①
1.50%	105.0000	104.2153	104.3457	
0.25%	105.0000	104.8687	104.9999	
0.25%	104.7378	104.6069	104.7377	計算方法②

　これらのことから、Dividendはモデル内部で仮定される満期日のフォワードレートを計算するために使用されていることが推測される。また、Dividendを引数4の円金利と同じレートにすると、入力したスポットレートとモデル内部で仮定されるフォワードレートが同じになることもわかる。
　したがって、「オプション計算方法①、②」ともにモデルが仮定している6カ月後のフォワードレートは同じであり、またその他ボラティリティなどの条件も同じであるので計算結果のオプション価格も等しくなる。
　別の言い方をすれば、オプション価格の計算では、Dividendに入力すべき数値を用意するかわりにフォワードレートを用い、Dividendを引数4と同じレートにすればよいということである。そのため、2章3の(5)で日経平均オプションを計算するにあたって、配当を計算するよりも先物価格を用意するほうが簡単であるので、先物価格をスポットレートへ代入し、配当は円金利と同じレートとして計算する。また、コーン先物オプション価格の計算では先物に対応する現物のスポットレートは一般には観測できない。しかし、先物価格はマーケットですぐ入手できるので、先物価格をスポットレートに代入し、Dividendはドル金利と同じレートにして計算した。

第4章　オプション理論　ブラックショールズ

(2) 為替マーケットの実際

　為替のスポット価格とフォワード価格の差は各通貨の金利水準によって理論上は説明される。しかし、年末を越える決済日のフォワードレートは年末の特殊な資金需要などから、普段のフォワードレートとはかけ離れたものになることがある。1997年から1998年には景気悪化に伴い日本のクレジットに疑問がつき、ジャパンプレミアムと呼ばれる邦銀に対するドルの借入レートの上昇が起こった。このとき邦銀は海外での融資額が相当あったのでドルに対する資金需要が強かったが、海外でのドル資金の調達はむずかしい状況であった。そのため、為替のフォワードマーケットにおいて円を担保にドルを借りるという取引を活発に行っていた。結果、短期金利の指標であったLIBORレートから計算されるフォワードレートと、実際のマーケットにおいて取引されているフォワードレートにはかなりの差が生じていた。

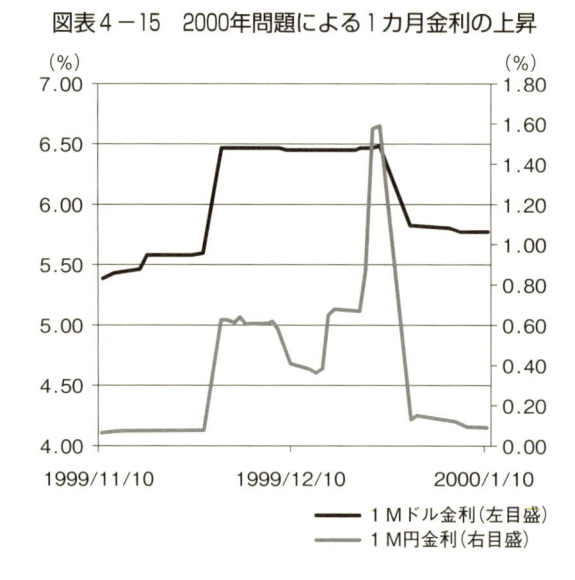

図表4-15　2000年問題による1カ月金利の上昇

1999年には、当時の世界中のコンピュータが西暦を下2ケタしか認識していなかったために、2000年になった瞬間金融システムに問題が生ずる可能性が指摘されていた。このY2K問題の対応のため、どの銀行でも年末のバランスシートを縮小させた。そのため年末を越える金利が急騰するということが起こった。金利の動向がみえないなかで、金利からフォワードレートを計算するのはむずかしい状況であった。

　2008年のリーマンショックのときは、急激な円高、株安によりマーケットが混乱した。このようなマーケットの動きに対して、一部のトレーダーがポジションのカバーのため、長期の円を担保にドルを借りるという取引を行う必要が生じ、為替のフォワードレートマーケットにも波及した。

　図表4-16は、2008年の9月終わり頃の為替のフォワードのマーケットの様子である。9月30日にはフォワードレートと金利から計算されるレートの差が通常よりも大きく-0.61となっている。

　こうした状況を考えると、金利を短期国債金利、LIBOR、TIBORなどを入力して、ドル円のオプションを計算するよりも、フォワードレートそのものを入力して計算したほうがよいときがある。オプション価格を正しく計算するためには、何よりも原資産のフォワード価格を正しく計算することが第一となる。

図表4-16　実際のフォワードレートと金利インプライドフォワードの差の推移

日付	スポットレート	マーケットフォワードレート①	JPY 3 mL	USD 3 mL	金利インプライドフォワード②	①-②
2008/ 9 /22	105.52	104.63	0.90%	3.20%	104.92	-0.29
2008/ 9 /23	105.56	104.61	0.90%	3.21%	104.95	-0.34
2008/ 9 /24	106.12	105.13	0.91%	3.48%	105.44	-0.31
2008/ 9 /30	106.09	104.68	1.02%	4.05%	105.29	-0.61
2008/10/ 1	105.68	104.47	1.02%	4.15%	104.86	-0.39

第 5 章

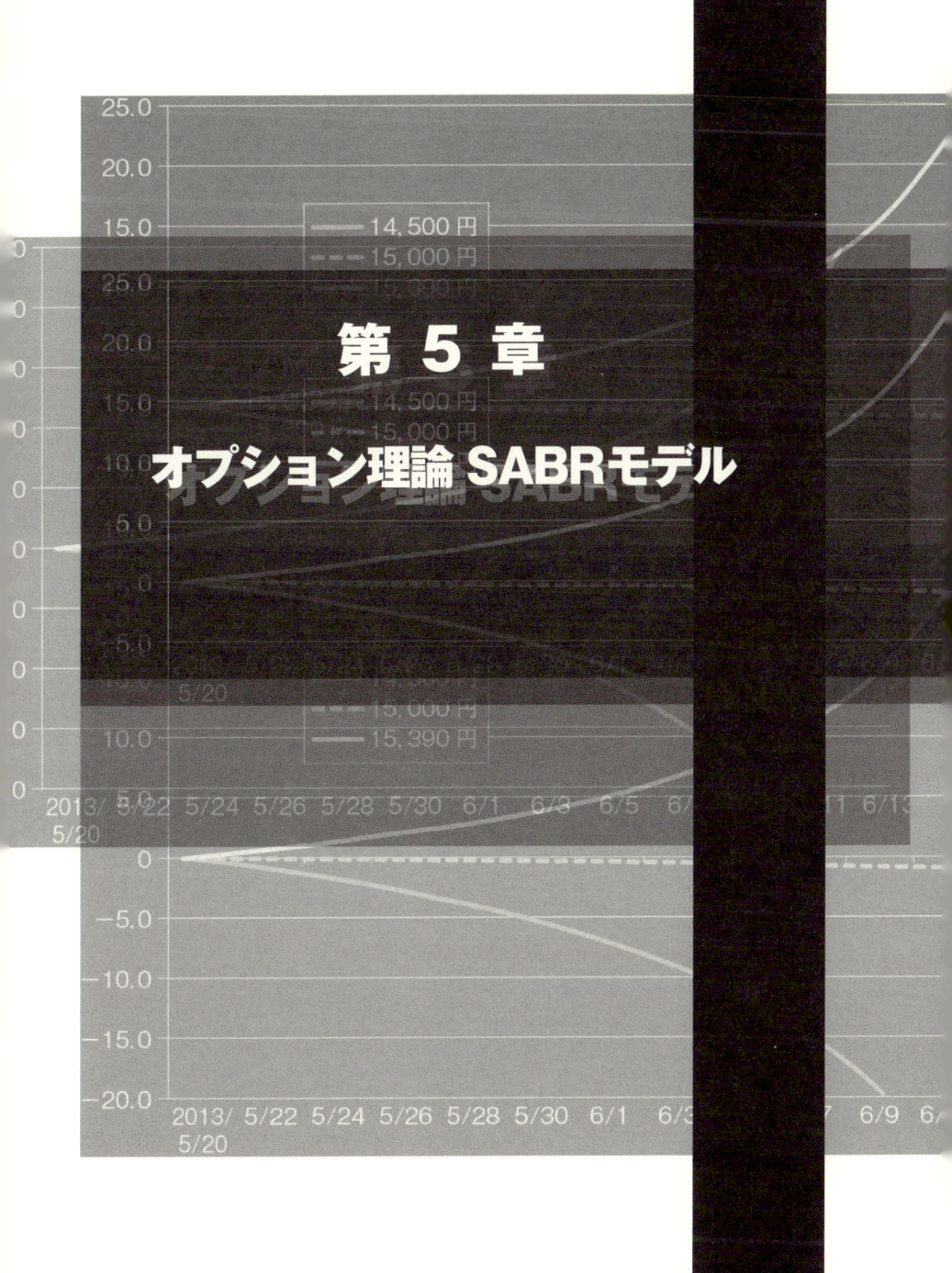

オプション理論 SABRモデル

第5章　オプション理論　SABRモデル

　デリバティブ全般のモデルは、主に金利デリバティブを中心に発展してきた。金利のマーケット構造は非常に複雑であり、またデリバティブ契約の満期も30年を超えるような長期間のものもある。また、他の商品とは異なり価格に相当する金利がゼロ、またはマイナスにもなりうるような環境に遭遇し、4章で述べた［モデルc3］では説明がむずかしい事態になったこともモデルが発展した一因である。以下、金利デリバティブについて少々説明し高度なモデルの導入を行う。

1　ノーマルボラティリティ

　2章で述べたスワプション価格を計算するときにも、われわれは日経先物オプションの価格計算と同様にインプライドボラティリティを使用した。しかし、金利のなかでも特に短期金利自体の水準は、長期間にわたる金融緩和政策によりゼロ％に近いため、短期スワップレートを原資産とするスワプションのインプライドボラティリティは、しばしば100％を超えることもあった。これらの数値は、われわれがこれまでみてきたインプライドボラティリティとまったく異なった水準になっている。これまでみたように、インプライドボラティリティとはオプショントレーディングで割安割高を判断する一つの材料であったが、このようなボラティリティの水準ではトレーディングの材料にすることはむずかしい。

　われわれは、［モデルc3］を構築するときに変化率に着目し原資産の価格変化をモデル化したが、原資産価格がゼロに近い場合、小さな変化でも変化率としては非常に大きくなる。金利スワップの価格の基本単位は1bp、すなわち0.01％であり、スワップマーケットの変動幅はイベントがあったときや銀行のALMなどからの大きな注文があれば5～10bpsぐらいであり、閑散なときは1～2bpsぐらいである。このようななかで、たとえば1年スワップレートが0.10％のときでも1日の変動幅は1bpとなることもある。このとき

変化率でみれば1日で0.01%÷0.1%で10%となり、この変化率は為替でいえば1日10円、日経でいえば1,000円以上の値動きになってしまう。実際の2001年8月の1年スワップレートをみると、日々の変化率は10数パーセントとなり、その期間のヒストリカルボラティリティは100%近くになっている。

図表5－1　1年スワップレート　ヒストリカルボラティリティ

日付	1年レート	変化率
2001/7/31	0.1150	
2001/8/1	0.1150	0.00%
2001/8/2	0.1150	0.00%
2001/8/3	0.1175	2.15%
2001/8/6	0.1325	12.01%
2001/8/7	0.1350	1.87%
2001/8/8	0.1200	－11.78%
2001/8/9	0.1220	1.65%
2001/8/10	0.1150	－5.91%
2001/8/13	0.1100	－4.45%
2001/8/14	0.0950	－14.66%
2001/8/15	0.0950	0.00%
2001/8/16	0.0925	－2.67%
2001/8/17	0.1000	7.80%
2001/8/20	0.1000	0.00%
2001/8/21	0.1000	0.00%
2001/8/22	0.1025	2.47%
2001/8/23	0.1050	2.41%
2001/8/24	0.1000	－4.88%

第5章　オプション理論 SABRモデル

そこで、しばしば、このインプライドボラティリティにフォワードレートを掛けたものを参考にすることがある。これを**ノーマルボラティリティ**と呼ぶ。インプライドボラティリティが200%でフォワードレートが0.10%ならば、このノーマルボラティリティは200%×0.10%＝0.20%、すなわち20bpsである。さらに、この数値を250の平方根で割って1日当りの量として計算すると1.26bpsとなる。この量はブレークイーブンbpsと呼ばれ、このオプションを買ったとき、1日当り1.26bpsマーケットが変動すればセータで支払う分とガンマPLが釣り合うとして取引の目安にしている。一方で、これまでのインプライドボラティリティはノーマルボラティリティと区別するため**ログノーマルボラティリティ**、**ログボル**、**ブラックボル**などど呼ばれる。

2　中間モデル

前節で述べたように金利マーケットでは金利低下によりマーケット変動はある程度小さくなったが、参加者は変化率よりも変化幅を重視し取引している。しかし、金利がほぼゼロに近い状態でさらに低下しようとするとマイナス金利になってしまうため、変化幅も低下時には小さくなり、完全に変化幅の大きさを保つわけではない。このように変化率、変化幅両方の性質をもってマーケットは動いている。

また、金利以外のマーケットではどのような傾向がまだあろうか。年単位の期間でみるとマーケットは変化率を重視しているように思われる。日経平均株価などの価格は数年前に比べると2倍くらいになったが、日々の変化幅も2倍近くなった。当時、日経平均が8,000円台で取引されていたときのヒストリカルボラティリティは20%前後であったが、現在の16,000円台でもその前後の動きになっている。また、農産品のマーケットでも干ばつなどで価格が急騰し2倍になってもその水準でマーケットが落ち着いてくれば、感覚的には変化幅も2倍くらいとなっている。

しかし、短期間でみると、変化幅も重視される場合がある。マーケット参加者が価格の水準にかかわらず同じ数量で取引している場合、変化幅がPLそのものになる。参加者はPLによって利益を確定させたり、ロスカットしたりするので、変化幅が重要になる。価格が2倍になったからといって、すぐに取引数量を半分にするという参加者は少ないのではなかろうか。このように変化率と変化幅が混在しマーケットが動く場面がある。
　そこで価格変化のモデルを考えるときに変化率と変化幅の中間に注目して将来の価格を予測するようなモデルが考えられた。［モデルc3］に対し、その日の先物価格Fを両辺に掛け以下のように変形する。
　　$(G-F) = \sigma \times E \times F \times \sqrt{D}$ ……［モデルc4］
ここで乱数部分にかかる先物価格Fの肩に指数β（ベータ）を導入する。
　　$(G-F) = \sigma \times E \times \sqrt{D} \times F^{\beta}$ ……［モデルd］
βは0から1までの実数とする。
　βが1のとき［モデルd］は、もとの［モデルc］に一致し、これまでのブラックショールズモデルになる。**ログノーマルモデル**とも呼ぶ。βがゼロのときはF^{β}の部分は常に1となり、
　　$(G-F) = \sigma \times E \times \sqrt{D}$ ……（モデルdでβがゼロの場合）
となる。［モデルd］の解釈は日々の変化率ではなく変化幅が乱数によって決まるということである。この場合は**ノーマルモデル**と呼ぶ。また、βのことを**バックボーン**とも呼ぶ。
　βが0と1の間である場合、モデルが仮定する値動きは変化幅と変化率が混ざったようなものになる。ただ、実際にβをマーケットから観測するのはむずかしいため、通常はβをトレーダーの主観的要素をもって設定しモデルを使用する。金利マーケットでは、かつてはβは0.8程度で推移していた。一方、農産品などのオプションでは価格水準と変化幅が比例、すなわち変化率としては一定であるので、βはほぼ1、すなわちログノーマルモデルのままである。

3 SABR（セーバー）モデル

(1) SABRモデルとは

　1990年後半にこのようなログノーマルとノーマルモデルの中間を表現できるモデルが使用されていたが、さらにその後、ストライクごとにボラティリティの水準が異なる現象をモデルに取り込むために、ストキャスティックボラティリティモデルが徐々に使用されてきた。そのなかでもSABRモデルは、金利などのオプションマーケットでは最もポピュラーなモデルになっている。

　われわれは、［モデルc3］のなかで乱数の大きさを指定する要素σは一定としていた。この要素は、オプショントレーディングをするうえで最も重要であり、この要素が今後上がるか下がるかをみて取引することをシミュレーションでも学んだ。それゆえ、このσは固定ではなく不確実性をもって変動すると考えるほうが自然である。われわれは、［モデルc3］をつくるときに先物が不確実性をもって変動する部分を乱数やσなどを用いて表現したが、今度はσ自身も乱数やその不確実さの度合いを表すものを用いてモデル化することにする。不確実な変数をストキャスティック、確率的な変数と呼ぶ。将来の先物価格とボラティリティの両方を確率的な変数Fと変数aとしてモデルをつくると、

$$(G-F) = a \times E1 \times \sqrt{D} \times F^{\beta} \quad [モデルe]$$
$$\eta = v \times a \times E2 \times \sqrt{D}$$

となる。ηはaの変化幅、E1、E2は正規分布に従う数であり、E1、E2の相関がρである。

　いままでのモデルとの違いは、ボラティリティaが時間とともに変化していくことである。その変化は変化率が乱数E2によって不確実さが表現され、さらにその度合いが変数v（ニュー）によって表現されている。E1とE2

の間には相関係数 ρ (ロー) が入っており、十分な量のE1とE2を取り出して相関を計算すると ρ に近い値になっている。

(2) 相関係数 ρ

二つの乱数に相関関係があるということは、どのようなことなのかを実際にみるためにエクセルシート"相関"でテストすることができる。セルD2に-100％から+100％までの任意の相関を入力し［計算］ボタンを押すと5,000個の乱数E1とE2が計算され、C列とD列の6行目以降に書き込まれる。これらのE1、E2自体は乱数であるが、それぞれをペアとして考えた場合ある一定の関係性を保っている。それが、セルD2で指定した相関関係になっているのである。実際にこれらの相関をエクセルに付属するCORREL関数によって計算したものがセルD3である。このシートでは5,000個の数字を用いているが、モンテカルロシミュレーションで用いたような多くのサンプルを用いれば、ほぼ一定の値となりセルD2で指定した相関係数に近い値が観測される。

図表5-2は相関90％の乱数の現れ方である。1列目E1が-0.95のときE2は-0.66、2列目E1が+0.63で現れるとE2は+0.31と現れている。全部の列を見渡すとたいていの列でE1がマイナスのときE2もマイナス、逆にE1がプラスであればE2もプラスというように、二つの乱数の現れ方が同じ傾向になっている。この状態が相関90％のイメージである。

また、極端な例として相関を1として計算すると、図表5-3のようになる。

第5章 オプション理論 SABRモデル

図表5-2　相関90％における乱数の出現の様子

入力　相関	90％
結果　相関	90.10％
E1	E2

-0.95	-0.66
0.63	0.31
-0.26	-0.20
-0.08	0.35
0.35	0.14
-0.69	-0.02

図表5-3　相関100％における乱数の出現の様子

入力　相関	100％
結果　相関	100.00％
E1	E2

-2.54	-2.54
0.36	0.36
0.84	0.84
-1.31	-1.31
0.31	0.31
0.34	0.34
-1.42	-1.42
0.29	0.29

　相関が1のとき、E1とE2は同じ数字になる。これは、［モデルe］に当てはめれば、先物が上昇するときは必ずボラティリティも上昇し、逆に先物が下がるとボラティリティも下がる、ということである。

　このようにE1とE2の相関は、先物の動き方とボラティリティの動き方の

相関を表しているが、実際のマーケットでは先物とボラティリティの動き方の関係はどのようになっているのであろうか。

　株式マーケットでは、一般的には価格が下落すればボラティリティは上昇し、逆に価格が上がればボラティリティが下がる傾向にある。3章のシミュレーションでも株価の動きとボラティリティは反対方向に動く傾向にあった。また、2011年震災後の株価急落ではボラティリティは急上昇していた。価格とボラティリティの相関はマイナスの傾向がある。

　逆に、農産品マーケットでは価格とボラティリティの相関はプラスの傾向が見受けられる。天候が悪く不作の年は先物価格、ボラティリティともに上昇する傾向がある。農産品はその年に収穫できなければ基本的には翌年まで生産ができないので、農産品価格は理論上、いくらでも上昇する余地がある。その場合農産品の消費者はコールオプションを用い価格ヘッジをしようとするので、ボラティリティは上昇する傾向がある。逆に、豊作となり供給が過剰になったとき先物は下落基調になるが、このとき作り手である農家は消費者のときとは異なって、売値のヘッジをするために積極的にプットオプションを購入するケースは少ない。彼らは、収穫したものを自分のサイロ、倉庫に保管し、価格が上がるまでじっくりと待つという戦略をとることができるからである。また、値上がりを待つ間にコールオプションを売却することによって、オプション料を得る戦略もとることができる。このような理由で価格が下がるときにはインプライドボラティリティも下がる傾向がある。したがって、先物価格の変動とボラティリティの変動の相関はプラスの値をとる場合が多く、また特に4月から7月の天候に左右される時期はその相関は強い傾向がある。

(3) ボルオブボル ν

　[モデルe]でボラティリティの変動度合いを表現するための変数 ν は、ボラティリティのボラティリティであり、ボルオブボルと省略されて呼ばれる

第5章　オプション理論　SABRモデル

ことも多い。インプライドボラティリティは原資産価格の変化に比較すると日中はそれほど変化しないが、(2)で述べたように株価が急落し、プットオプションの買戻しなどが起これば、インプライドボラティリティも急激に変動する。また先物価格が落ち着きオプションマーケットの動きも止まればインプライドボラティリティの変動も小さくなる。このようなインプライドボラティリティの変動の度合いを表現するのが ν である。

(4)　ヒストリカル ρ と ν の計算

　日経オプションを例にヒストリカルの ρ と ν を計算してみる。エクセルシート"ヒストリカル"では、日経平均先物2013年の6月限月のデータをサンプルに計算している。アットザマネーのインプライドボラティリティがC列にあり、先物価格がD列にある。E列、F列には日々の変化率をログ関数を用いて計算している。C列のインプライドボラティリティの変化率の標準偏差をとり、ヒストリカルボラティリティを計算した場合と同様に、250営業日数の平方根を掛けて年率表示を計算したものがセルE2の結果である。また、E列、F列の相関をエクセルのCORREL関数で計算したものが、セルF2の結果である。ν は68％、先物とボラティリティとの相関係数 ρ は-24.2％となり、株式オプションマーケットの性質が現れている。

(5)　SABRモデルでの計算

　エクセルシート"モンテカルロ"ではSABRモデルのモンテカルロシミュレーションを計算することができる。ブラックショールズのときと同様にオプションの基本的な条件を入力し、SABRのパラメータ α、β、ρ、ν の四つの数値を入力し［計算］ボタンを押せばよい。はじめにアットザマネーのオプションを計算する。先ほど求めたコーン先物オプションのヒストリカルの ρ、ν を入力し、また簡単にするため β を1としてログノーマルのモデルとする。この場合 α は、ログノーマルボラティリティの意味になるので、わ

れわれのイメージにある20％をインプットする。SABRモデルのモンテカルロシミュレーションを安定的に行う場合には、パスの数とオプション期間をどのくらいに分割して計算するか指定するパラメータは、相当大きな値を必要とするので、それぞれ10万と1000を入力する。PCの性能にもよるが数分から数十分の計算時間で結果がセルのE25に出力される。この例であれば、598円近辺のオプション価格となる。これをいままでブラックショールズのモデルで確認すると598円となり、このアットザマネーオプションのケースでは一致する。

次に、アウトオブザマネーのオプションの価格を比較する。行使価格を2,000円下の13,000円とし、プットオプションを計算した例がエクセルシート"ローストライク"である。SABRモデルによると、このオプション価格は67円と計算されるが、オリジナルのブラックショールズでは48円となる。このSABRモデルから計算された67円という価格を、ブラックショールズの公式を用いてインプライドボラティリティを逆算すると21.8％となる。これはSABRモデルの世界では2,000円アウトのオプションは、アットザマネーのオプションよりも、ブラックショールズの世界の言葉であるインプライドボラティリティベースで約２％高く見積もられているということである。

このようにSABRモデルを使えば、われわれはアットザマネーのボラティリティとρとνを適当に与えることによって、各行使価格のオプションのブラックショールズからみたボラティリティを調節することができる。したがって、次にそれぞれのρ、νと各行使価格のボラティリティの関係について、数値的にどのようになるか調べたい。

(6) SABR近似公式

モンテカルロシミュレーションでは、一つのオプション価格を計算するのに数分近くかかる場合があり、実際の取引やこうした数値の振る舞いを調べるうえでは不便である。そこで近似的な公式があるので、その公式を使うこ

とにする。

　エクセルシート"近似公式"において行使価格13,000円のプットオプションの計算を行った。この近似公式はオプション価格そのものの近似計算をするのではなく、SABRに代入するパラメータから、いったんブラックショールズの公式に代入できるインプライドボラティリティを計算するものである。このシートでは、はじめにSABRの四つのパラメータから、ブラックショールズの公式に入力できるかたちのボラティリティを計算している。セルE26に21.9％とある数値がその計算結果である。このボラティリティをいままでどおりブラックショールズの公式にそのまま入力し計算することで、先ほどモンテカルロシミュレーションで行った計算を近似することができる。シート上では21.9％のボラティリティを通常の公式に代入し68.7円を得ている。(5)のモンテカルロシミュレーションでは67円を得ているので、近似ができていることが確認できる。

　SABRパラメータからいったんブラックショールズのボラティリティに変換さえすれば、これまでどおりのモデルでプライスできるため、計算は非常に簡単になる。こうした理由によりこのSABRモデルは急速に広まり、金利オプションではほぼすべての仲介業者でも使用されている。

(7)　νと各行使価格のボラティリティの関係

　エクセルシート"行使価格"では横軸に行使価格、縦軸をνにして、近似式によって変換されたボラティリティを計算している。また、グラフでは横軸に行使価格、縦軸にボラティリティをとり、νがそれぞれ1％、20％……のときのボラティリティスマイルカーブを表現している。νが1％のときの各行使価格のボラティリティは、行使価格によらず20％近辺である。一方νが100％のときは、行使価格がアットザマネーに近いボラティリティは20％、行使価格がアットザマネーから離れると徐々に大きくなり両端では21〜23％まで高くなっている。言い換えれば、νが大きくなればアウトオブザ

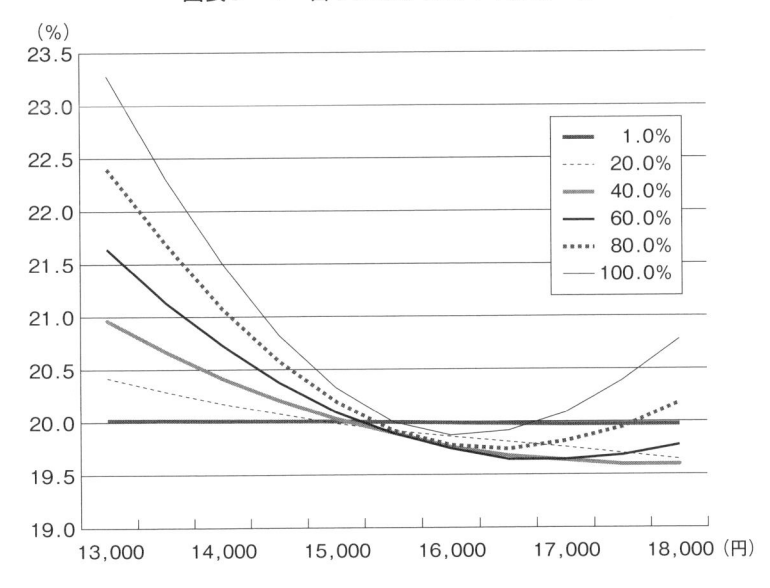

図表5－4　各νにおけるスマイルカーブ

(凡例)
- 1.0%
- 20.0%
- 40.0%
- 60.0%
- 80.0%
- 100.0%

マネーのオプションは高くなるということである。また、両端のアウトオブザマネーのオプションをウイングオプションと呼ぶ。

(8) ウイングオプションとν

(7)でみたように、ν、すなわちボルオブボルが高くなるとウイングのボラティリティが高くなる。この理由をアットザマネーオプションの買いとウイングオプションの売りを組み合わせた、デルタベガニュートラル取引からなるポートフォリオを考えてみる。この取引を組んだ後、先物価格は変化せず、アットザマネー、アウトオブザマネーのボラティリティがともに上昇したと仮定する。このポートフォリオのベガリスクはもともとのゼロから減少してマイナスになる。感覚的にはボラティリティが上昇すれば、将来の先物の変動が大きくなり、アウトオブザマネーとアットザマネーの相対的な距離

3　SABR（セーバー）モデル　173

第5章　オプション理論　SABRモデル

は縮小する。したがって、ウイングオプションのベガの大きさもアットザマネーに近くなり増加する。一方、アットザマネーのオプションは、はじめから五分五分で、そのオプション価格がボラティリティに依存する割合が最高値まで達しているので、これ以上は増加しない。このように、ロングのオプションのベガがほぼ変わらないままショートのオプションのベガだけが増加するので、トータルするとマイナスになる。

　ここでわれわれはポートフォリオのベガをニュートラルに戻すためにオプションを買うことになるが、ボラティリティが上昇したという仮定であったので、はじめにこのポートフォリオを組んだときよりも高いコストでカバーすることになる。オプションを買ってベガリスクをニュートラルにした後、もしボラティリティが下がれば、今度はこのポートフォリオのベガリスクはプラスになってしまう。したがって、ベガを再びニュートラルにするためにわれわれはオプションを売却しなければならない。先ほどカバーで買ったオプションを売却すればポートフォリオのベガを相殺することができるが、コストを考えると高いところで買って安いところで売ったことになる。

　このポートフォリオはボラティリティが上昇するとベガがショートになり、下落するとロングになる。ちょうどオプションを単体で売却しデルタニュートラルの戦略をとったときのネガティブガンマの状態のときに似ている。このときは先物が動けば動くほどデルタをニュートラルにするためのコストがかかるが、いま、われわれが構築したベガニュートラルのポートフォリオは、ボラティリティが動けば動くほどコストがかさむ状態である。すなわち、SABRモデルの言葉でいえば、ボラティリティのボラティリティ、ボルオブボルが大きいとコストがかかるということである。このコストをまかなうためにはアウトオブザマネーのオプション価格を高くしてコストをカバーすることになる。したがって、ボルオブボルを高くするとウイングの行使価格のオプションのボラティリティが高くなるのである。

⑼　ウイングオプションとρ

ρについても同様に、エクセルシート"ロー"において横軸を行使価格、縦軸をρにとり、ρを−80%から+80%まで変化させたときのそれぞれのボラティリティスマイルカーブを計算する。その結果が、図表5−5のグラフである。

ρのマイナス値が大きいほど行使価格の高いオプションのボラティリティは安くなり、行使価格の低いオプションは高くなる。すなわち、スマイルカーブは右下がりになる。逆に、ρが大きいと行使価格の高いオプションは高くなり、スマイルカーブは右上がりになる。ρはボラティリティと先物の変化率の相関であったが、この相関が高いと先物が上昇すればボラティリティは上昇し、先物が下がるとボラティリティは下がる関係にある。したがって、グラフのような形状になる。

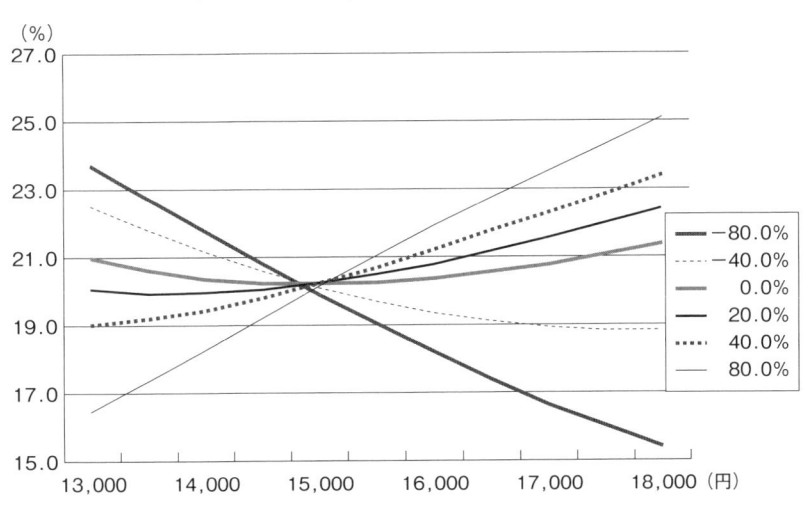

図表5−5　各ρにおけるスマイルカーブ

⑽ αの計算について

βが1のときこのモデルはログノーマルモデルであった。このときαは、いままで使っていたログボルだと思えばよい。しかし、βが1以外の場合のαは明らかではないので、どのように決定するかを述べる。まず、アットザマネーのログボルをオプションマーケットから観測する。オプションマーケットで最も流動性があるのはアットザマネーであるからこのボラティリティを観測することは容易である。アットザマネーボラティリティ、ρ、ν、βの値が与えられたとき、関数ALKOM_SABRAlphaを用いるとαを逆算できる。

エクセルシート"アルファ"では縦軸にβを0から1まで並べ、それぞれのβのときに同じ20.00%のアットザマネーボラティリティがαに変換するといくらになるかを計算している。βが1のとき、αは20.00%と計算され、ほぼもともとのログボルになっている。一方、βがゼロのとき、αは約2,972という値になっているが、この値は1で述べたノーマルボラティリティ、すなわちフォワードレート15,000円にログボル20.00%を掛けた3,000に近い値になっている。αは確率的変数であり原資産と同様、常に動く変数であるから、マーケットのアットザマネーボラティリティが変化するたび

図表5-6 20%のログボルに対する各βにおけるαの値

β	α	ATMVOL
0.00	2,972.66	20.00%
0.10	1,136.73	20.00%
0.30	166.22	20.00%
0.50	24.30	20.00%
0.70	3.55	20.00%
0.90	0.52	20.00%
1.00	0.20	20.00%

に、それに対応する a をこの関数を用いて計算していく必要がある。

⑾　β について

　β の役割についてもう一度考えてみるため、エクセルシート"ベータ"では先物価格の水準とアットザマネーボラティリティの関係を計算している。

　いま、現在の日経先物価格が15,000円、ログボルが20.00％とする。また、ρ、ν は、それぞれ−24.20％と68.00％とする。β を 0 と仮定し、a を⑽に従い計算すれば2,973になるが、これら四つのパラメータすべてを固定する。

　この条件で先物価格ごとのアットザマネーのボラティリティを計算すると、先物価格が14,000円のときは21.40％、13,000円では23.10％となる。また、先物価格が16,000円、17,000円ではアットザマネーのボラティリティは18.70％、17.60％となり先物水準が上がればボラティリティは下がり、価格が下がればボラティリティは上がる関係にある。

　SABRモデルにおいて、これら四つのパラメータは固定したまま使うというのが基本である。したがって、β をゼロとすれば、SABRモデルが描くアットザマネーのボラティリティは先物価格と価格によって自動的に変化していくことになる。β がゼロということは、再び［モデルe］を思い出してみると、先物価格の変化率ではなく変化幅が不確定な要素をもって変化していくモデルを意味していた。平たくいえば15,000円のときも300円くらい変動するし、18,000円でも300円変動するということである。したがって、先物価格の水準が上がれば変化率の大きさを表現するアットザマネーのボラティリティ表示は下がることになる（図表 5 − 7 参照）。

図表 5 − 7　β=0：先物価格の変化によるATMVOLの変化

a	β	13,000	13,500	14,000	14,500	15,000	15,500	16,000	16,500	17,000	17,500	18,000
2,973	0.00%	23.10%	22.20%	21.40%	20.70%	20.00%	19.40%	18.70%	18.20%	17.60%	17.10%	16.70%

第5章 オプション理論 SABRモデル

　今度は β を 1 として、同様にアットザマネーボラティリティを計算すると図表 5 - 8 となる。

　先物価格の水準によらず、アットザマネーボラティリティは常に20.00％である。これは平たくいえば変動率が先物水準によらず一定であるということである。

　もし、トレーダーAがモデル上で β をゼロとし、アットザマネーのボラティリティがこの表のように、先物が14,000円に下落したとき21.40％、16,000円へ上昇したとき18.70％と動いた場合、トレーダーAにとっては予想どおりアットザマネーのボラティリティが動いたということになる。一方、同じマーケットでトレーダーBは β を 1 とした場合、アットザマネーのボラティリティがこのように動くとトレーダーBにとっては想定外の動きと認識される。

　SABRモデルを使う場合、β のとり方によってデルタ量が異なってくる。トレーダーAにとっては、このアットザマネーのボラティリティの動きは想定どおりであるのでトレーダーAのPLにはまったく影響していない。その理由は、ボラティリティによるPLへの影響を表すベガリスクが一部デルタによって相殺されているからである。トレーダーAは、ベガロングのときにそれに合わせてデルタをロングすれば、このアットザマネーの動きをヘッジすることができるのである。

　一方で、トレーダーBはベガのポジションでPLにヒットしている。先物価格が上昇するにつれアットザマネーが下落する動きにモデルは対応していないからでる。このようにベガのポジションがデルタで一部分ヘッジされているような考え方はSABRモデルができる前からあり、有効なヘッジ手段で

図表5－8　β＝1：先物価格の変化によるATMVOLの変化

α	β	13,000	13,500	14,000	14,500	15,000	15,500	16,000	16,500	17,000	17,500	18,000
0.20	100.00%	20.00%	20.00%	20.00%	20.00%	20.00%	20.00%	20.00%	20.00%	20.00%	20.00%	20.00%

あった。ボルデルタとも呼ばれている。β はこのように価格水準とアットザマネーボラティリティの関係をどのようにとらえるかを表現するパラメータである。また、ヘッジポジションにも直接影響を与えるのでトレーダーが自分の主観で β を決定する場合が多い。

⑿　マーケットキャリブレーション

われわれはSABRモデルにおける四つのパラメータの役割や性質をみてきたが、ここでは実際の運用方法について述べる。まず、はじめに決めるのものが β である。β はオプション価格そのものよりも主にデルタポジションの大きさに影響する。したがって、これまでの経験や、今後の相場の見通しなどに照らし合わせてある程度の主観をもってトレーダーが決定する。このパラメータの更新の頻度はマーケットの構造が大きく変化した場合や、原資産価格の水準が大幅に変化した場合などで年1回程度が目安である。

次に、ρ と ν をヒストリカルデータから計算し、おおよその見当をつけておく。β、ρ、ν の三つの変数が定まったので、後はマーケットで観測したアットザマネーボラティリティから⑽で述べた方法で α を決める。

これで四つのパラメータが決定されたが、ρ と ν についてはヒストリカルに基づいた決め方であったので、今度はこの変数を実際のオプションマーケットにフィットするように再計算する必要がある。(8)(9)で述べたように、これらのパラメータはアウトオブザマネーのオプション価格を決める変数であるので、この作業をしないとマーケット価格と異なるプライシングをしてしまう。

マーケットからデルタが10％、25％、30％程度のアウトオブザマネーのインプライドボラティリティを入手する。同時に先ほど仮に決めた四つのパラメータを用いて同じ行使価格のインプライドボラティリティも計算する。両者を比較するとモデルはヒストリカルの ρ と ν を使用し、一方マーケットのオプション価格は、その行使価格の需給であったり今後のマーケットの見通

第5章　オプション理論　SABRモデル

しなどが反映されたりするので両者は異なって当然である。そこで、ρとνを少しずつ変化させマーケットに合うように選ぶ。われわれは、ρとνの性質を(8)(9)で学んだが、ρをプラス側にするとボラティリティのカーブは左側が下がり右側が上がっていく。また、νをプラス側に大きくすると、両端が上がる、ということを念頭にフィッティングを行えば最終的にρとνを決定することができる。

　このようにパラメータをマーケットに合わせることを**キャリブレーション**と呼ぶ。キャリブレーションはαに関しては、アットザマネーのインプライドボラティリティそのものであるので、1日1回、あるいはボラティリティが動いたときに行う。ρ、νはスマイルの情報であるので、スマイルが変化するごとに行う。ただし、スマイルが変化する頻度はもちろんマーケットによっても異なるが月1回程度のような間隔である。

　マーケットの状況によっては、どのようなパラメータでもフィットしない行使価格のオプションが出てくることもある。ファンドなどが大量に取引した後ではマーケットがゆがんでいることが多いからである。この場合は、一つの収益機会ととらえてSABRモデルの計算上のボラティリティよりも高ければ売り、安ければ買うというポジションをとることもできる。このモデルの出発点は原資産の価格もボラティリティも不確定な変数であって、その動き方をある特定の計算方法でモデル化したということであった。もっとも実際のマーケットの動きを100％モデル化しているわけではないので、モデル上ゆがんでいるポジションをとったとしても完全に収益にすることができるわけではない。ただし、数多くの参加者、マーケットメーカーがこのSABRモデルを使っている以上、彼らも同じように割高、割安とみているので、モデルにフィットしない行使価格のオプション価格はすぐに取引され、理論価格に戻ることが多い。

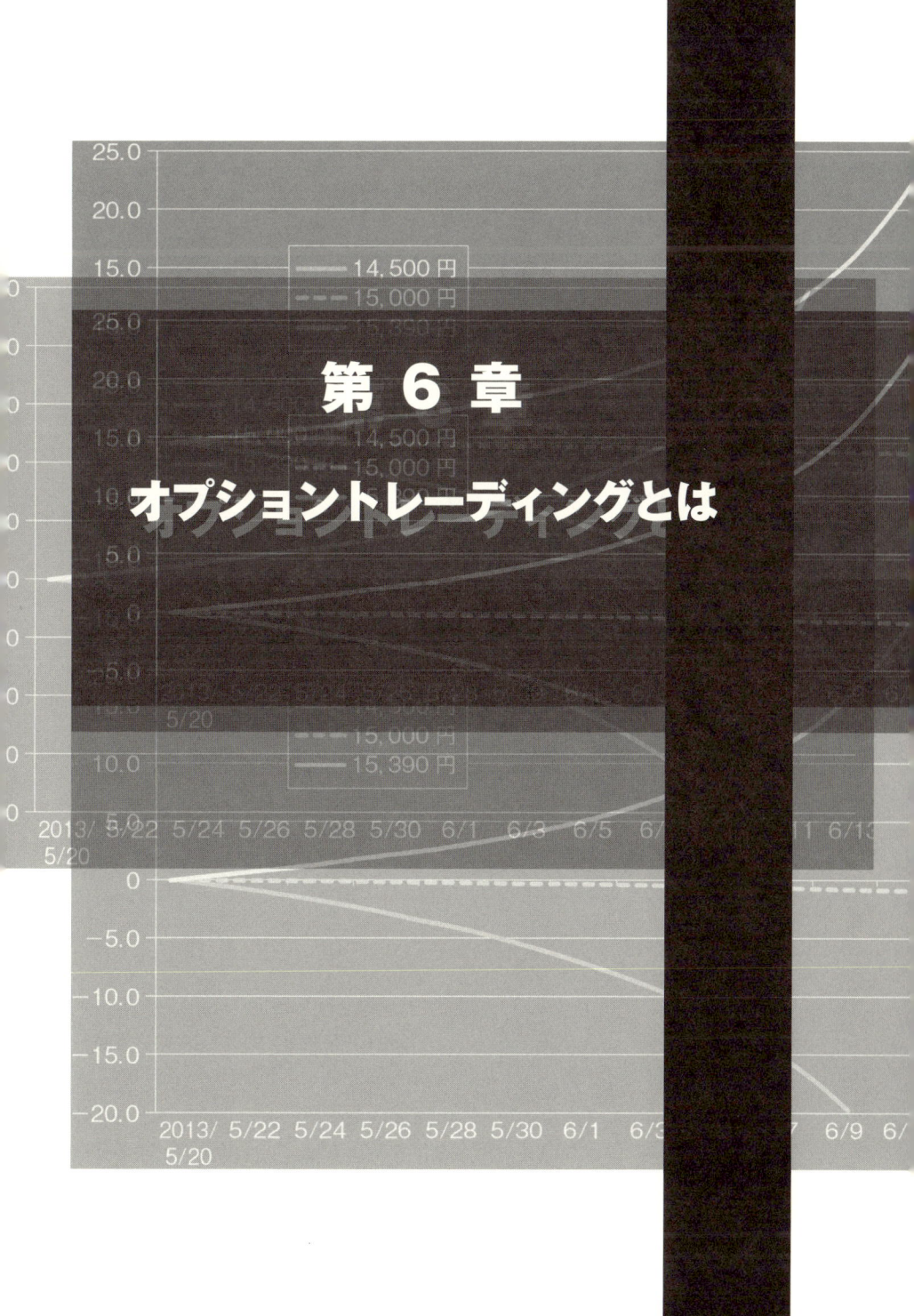

第 6 章
オプショントレーディングとは

第6章　オプショントレーディングとは

　トレーディングにはおおまかに分けて2種類のスタイルがある。一つは、顧客向けトレーディングで、顧客取引により発生するポジションをどのようにヘッジしていくかに重点を置くトレーディングである。もう一つは、マーケットに対する見通しに基づき自らポジションをとって利益をあげるスタイル、これはProprietary Trading、プロップトレーディングとも呼ばれている。

　顧客向けトレーディングではトレーダーはある程度のマージンを乗せて顧客に価格を提示し取引を行う。顧客取引で発生したポジションをうまくヘッジすることができれば、そのマージン部分が収益となる。顧客向けトレーディングは取引頻度や商品の複雑さによって、フロートレーディングとストラクチャードプロダクツトレーディングに分類される。

1　オプションフロートレーディング

　フロートレーディングとは、シンプルな商品を顧客へ提供しその取引から発生するリスクをヘッジしていくトレーディングである。シンプルゆえにその取引頻度も多く、顧客の数も多数になる。為替のスポット取引や日本国債などを顧客に提供するトレーディングが一例である。また、オプション取引のうちシンプルなプレーンバニラオプションを顧客に提供するトレーディングもフロートレーディングである。

(1)　スワプションマーケット

　スワプションマーケットは金融機関が参加しているOTCマーケットである。4～5社のオプションブローカーが銀行間の仲介をしオプション価格の形成の一端を担っている。トレーダーは電話やチャットなどでブローカーとコミュニケーションを行い、オプション価格を提示する。為替オプション等のマーケットではインプライドボラティリティを提示し取引するが、スワプ

ションマーケットではオプションプレミアムそのものを提示する。トレーダーが取引のオーダーをすると、ブローカーはその価格を一斉に他の参加者へ配信しオプション価格が形成される。

　スワプションマーケットでは満期は1カ月から20年まで、テナーは6カ月から20年まで、また行使価格も自由に選び取引することができる。このように組合せの数を考えると、理論上オプションの種類は無数になるが、実際のマーケットでは、特定の期間や行使価格のオプションに取引が集中し、その他のものはあまり取引がない傾向にある。参加者が限られているので、むしろ指標となるオプションをいくつか選びこれらに取引を集中させたほうが流動性を確保できるからである。満期が短いオプションであれば、1カ月5年、3カ月5年、長期であれば5年先5年、10年先10年などが指標になっている。また、行使価格はアットザマネーのものが多く、オプション単体よりもストラドルでの取引が中心となる。

　ブローカーが複数いることで同じストラクチャーのオプションでも価格のズレが生ずることもある。参加者全員がすべてのブローカーとコンタクトがあるわけではないので、あるブローカーには高い価格があるが、他のブローカーにはそのプライスはないというような状況が生ずる。

(2) 先物オプションマーケット

a　ブローカーの仲介

　先物オプションは主に電子取引で行われているが、一部OTC取引に近いかたちでの取引もある。シカゴ先物、ICE先物、LIFFE先物などのオプションマーケットでは、スワプションのブローカーと同じく個別のオプショントレーダーを仲介するブローカーがいる。彼らは4(2)で述べるようにオプションのパッケージ取引を仲介することもできるし、電子取引と同じようにオプション単体も扱うことができる。さらにいえば、彼らが仲介している時間帯でも電子取引は可能であり、仲介を依頼する必要は一見ないようにも思え

る。しかし、アジア時間など参加者が少ない時間帯や、そもそも電子取引でのオプション取引があまりない商品の場合、ブローカーは彼らがリレーションをもっているマーケットメーカーに流動性の供給を依頼することができる。彼らの仲介によってお互いの価格や数量の折り合いがつけば、その後すぐに取引所が認めた方法でクロス取引を行い取引が成立する。そのようにして成立した取引は通常電子取引で行った取引とまったく同じになり、取引所からは区別なく管理される。ある意味、同じ商品で同時並行的にマーケットが存在しているということである。

b フロア取引

ICEやLIFFEではすべての取引が電子取引に移行したが、シカゴ先物オプションマーケットはフロア取引が活発に行われている。フロア取引は、シカゴ時間の日中のみの時間帯しか取引できないが、大きなオプションのフローは大方この時間に集中するので流動性は最も高い。電子取引やブローカー仲介取引では、一つの取引は、たとえば100ロットから500ロットといった規模であるが、フロア取引では5,000ロットから10,000ロットというような取引もしばしば行われている。

フロア取引は一般の人もブローカー経由で見学することが可能である。そこでは実際に取引所のなかにフロア専門のブローカーや単独のトレーダーなど約50人が集まり取引を行っている。その取引方法は独特なもので、大きな声とジェスチャーなどを組み合わせ取引相手を探しているので、一般の人が見学してもほぼ取引内容はわからない。オプショントレーダーはブローカーに注文する場合はまず、フロアの横にあるブースにいるブローカーにコンタクトをとる。彼らはフロアのなかにいるブローカーへ手で合図などを送り注文を出す。そして、フロア内のブローカーが取引を成立させるとその旨をブースにいるブローカー経由でトレーダーへ報告するというような仕組みである。

したがって、実際の取引までにはタイムラグがあり、またフロアの内部で提示されているストラクチャーやその価格すべてを一人のトレーダーが把握するのはむずかしい。こうした理由により電子取引で同じ時間に行われているマーケット価格とかい離することもある。このように電子取引の板を眺めていてもすべての取引がみえるとは限らない場合があるので注意が必要である。

(3) 対顧客オプション取引

a　価格提示

　顧客に提示するオプション価格はマーケットのミッド価格と呼ばれる理論上の価格にマージンを加えた価格になる。ここでミッド価格とはマーケットの売値と買値の間に存在するが必ずしもその中値とは限らない。あくまでも概念的なもので各トレーダーによって異なることがある。

　特に、マーケットメーカーのみが参加できるOTCオプションマーケットではミッド価格がわかりにくいときが多い。トレーダーは通常マーケットで売買するとき、最低でもミッド価格よりも自分にとって有利な価格で取引しようとするので、ミッド価格に一定のマージンを上乗せした売値と買値をマーケットに提示する。本当に買いたい場合のみ自分がミッド価格だと思っている価格を買値としてマーケットに提示する。

　一方、その提示された買値が売りに興味のあるトレーダーのミッド価格と一致すれば、売買は成立する。その取引成立過程において、買値がミッド価格と思われる価格でマーケットに提示されたときは、あくまでもミッド価格上に買値があるのであって、ミッド価格自体が買値と売値の中値へ上昇したわけではない。

　スワプションマーケットでは顧客にオプションを提供する場合、期間や行使価格は完全に任意になる。一方、マーケットでは(1)で述べたように特定のストラクチャーのオプションしか観測できないことが多い。したがって、顧

客に提供するオプションのフェアな価格すなわちミッド価格自体が観測できない場合もある。こうした場合にトレーダーはヒストリカルデータなどを用いて補間したり、あるいは5章で述べたSABRモデルなどで流動性のあるオプションのパラメータから顧客取引で必要なパラメータを推測する。フェアなミッド価格をいかに割り出すことができるかが非常に重要なスキルになる。

　オプションブローカーは数社あり、彼らに顧客向けと同じストラクチャーのオプション価格を聞けばよいという考え方もある。しかし、彼ら自身がリスクをとってそのオプション価格を提示することはできない。彼らは銀行間のトレーダーの仲介をするのが役割で自分自身ではポジションをとることはできないからである。結局は、ほかのトレーダーにそうしたストラクチャーのオプション価格の提示を頼むことになり、そのトレーダーがリスクをとって価格を提示することになる。

　このようにミッド価格はマーケットに常に参加しているトレーダーが感覚としてもっている価格である。トレーダーは自分の考えているミッド価格を挟んで買値と売値のマーケットをつくるが、他のマーケット参加者が売りにも買いにも強いインセンティブがない場合は、売値と買値を非常に狭く、あるいは極端な場合は同じ価格を提示しても、取引が成立しないことがある。なお、売値と買値を同じ価格でマーケットに提示した場合は通常、チョイスプライスとして扱われ、どちらか一方のみを取引してもよいという意味である。このように取引が成立しないのは、自分の考えているミッド価格は他の参加者のミッド価格と同じであるということである。

　顧客取引ではトレーダーはミッド価格を正しく把握した後、適正なマージンも考えなければならない。当然マーケットには売値と買値に差があるため、顧客に対してミッド価格で約定し、そのままマーケットでヘッジをすれば値差で損失を被る。もちろん、そのほかにも取引にかかわるコストや取引所へのフィー、事務管理手数料もかかる。そのため顧客に対してはある程度

のマージンを含めた価格を提供しなければならない。このマージンをいくらにするかは、マーケットの売値と買値の差によるが、それは時期によっても時間帯によっても異なるし、またマーケットのボラティリティによっても異なってくる。たとえば、商品先物の多くは電子取引によるものだが、流動性が非常に高い時間帯であっても、ボラティリティが非常に高いときがある。海外のマーケットではコンピュータプログラムで自動売買を行う参加者が多く、マーケットの板に注文がたくさん並んでいても、1秒未満の間に先物価格の大台が変わることがある。このような状況では、それに見合ったマージンが必要になるので、その場その場で状況を判断していくことが重要である。

b　ヘッジのタイミング

　顧客に価格を提示し約定に至れば、トレーダーは顧客と正反対のポジションをもつ。顧客は自分のマーケットリスクをカバーするために取引を行うので約定後は顧客のリスクはなくなる。一方、トレーダーはこのポジションを意図してとったわけではないので迅速にマーケットでカバーしなければならない。顧客のヘッジタイミングは売りヘッジであれば、マーケットが高値をつけたと思われる場合が多く、逆に買いヘッジではマーケットの底と思われるタイミングでくる場合が多い。また、トレーダーは顧客がヘッジする数量や額面に関しても事前に知っていることはあまりない。顧客はマーケットの見方に自信があるときは大量の取引を行う可能性もある。このような状況で、もしトレーダーが顧客取引に対するヘッジをせずそのままリスクを抱え込めば損失を被る可能性は高い。自らの意思でポジションを構築する場合とは異なり、事前に顧客と反対のリスクに対しリサーチをしたりその価格でポジションを構築したりした場合にどのくらいの期間保持するかなど、あらかじめ調べているわけではないからである。

c　グリークスでの管理

　顧客取引とそのヘッジ取引を行うことで累積取引件数は増加する。特に、金利オプションの場合10年超の取引も少なくないため、満期が到来する前に新たな取引が追加される。このため管理すべき取引件数は膨大な数になる。したがって、各取引を個別に管理するのではなく、2章4で述べたようにポートフォリオをグリークス管理する。

　スワプションの場合、顧客取引はハイストライクのペイヤーズ、ローストライクのレシーバーズなどさまざまな種類のオプションになる一方、ヘッジ取引を行うスワプションマーケットでは、アットザマネーのストラドルが中心に取引されている。したがって、顧客取引とヘッジ取引からなるポートフォリオでは、行使価格や満期のミスマッチが起こる。

　また、シカゴコーンオプションなどの上場商品においても、顧客取引とヘッジ取引にはミスマッチが起こる。顧客はオプションを購入する際、アットザマネーのオプションを希望することが多く、顧客取引のオプション行使価格は1セント刻みでの設定になる。さらに、顧客が現物のヘッジをする場合、彼らは船積みの期間に合わせてヘッジを希望するので、オプション満期は上場オプションと異なる日付になる。このように顧客に提供するデリバティブを上場オプションでヘッジすると行使価格や満期日にミスマッチが生ずる。

　トレーダーはすべての顧客取引とそのヘッジ取引のグリークスを計算し合算させ、デルタ、ベガなどの各リスクを日々ヘッジしていく必要がある。ミスマッチがあると原資産やインプライドボラティリティが変化したり、あるいは時間が経過したりすることでグリークスは変化していくからである。

　オプション期間が長い取引に関しては、多少の行使価格や満期日のミスマッチは、それほど大きな問題にはならない。しかし、オプション満期が短くなるにつれ、ミスマッチによるグリークスの変化は大きくなる。たとえば、日経平均オプションで3年満期の22,000円コールを顧客と取引し、

23,000円コールオプションでヘッジした場合を考えてみる。3年後の日経平均価格は現在から考えれば、22,000円も23,000円も同じくらい不透明である。言い方を換えれば、現在からみた22,000円と23,000円の相対的な距離は近い。3年という長い期間にどのようなイベントがあるかわからないため、日経平均価格は3年の間に数千円動くかもしれないからである。したがって、現在のマーケットが500円程度変化しても微々たる変化であり、22,000円と23,000円のコールオプションによるグリークスの違いはあまり現れない。しかし、これが明日満期のコールオプションになると、22,000円と23,000円の行使価格の違いは非常に重要になってくる。現在のマーケットが22,000円のとき、日経平均価格の値幅が1日200～300円くらいであることを考えれば、23,000円コールが行使される確率は非常に小さい。したがって、23,000円コールのグリークスはほぼゼロであり、22,000円コールのリスクのみもっているという状態と同じである。そして、トレーダーは時間の経過とともに少しずつヘッジを組み替え、最後に満期を迎えるころにはこうしたミスマッチが少ない状態になっているようにトレードする。

もっとも、3章のシミュレーションでも体験したように、ポートフォリオのデルタやベガのリスクを小さくしていても、マーケット環境が急変すればミスマッチによってグリークスは大きく変化するのでマネージするのは非常にむずかしい。トレーダーは普段からマーケットを先読みしてこのような変化に対応していく必要がある。

(4) 顧客層

a 債券の組成

オプションは債券の組成でもしばしば活用される。単純な変動金利の債券であってもクーポンフロアというかたちでオプションが必要なときがある。たとえば、金利がLIBOR－10bpsというような式で決定される債券の場合、LIBORが10bps以下になると金利はマイナスになってしまう。しかし、債券

を買った投資家が債券の発行体に金利を支払うことはできないので、マイナス金利の場合はゼロとしなければならない。したがって、債券の金利を支払う側である発行体は行使価格が10bpsのフロアオプションを購入し、マイナス金利になるリスクをヘッジしなければならない。

利回りを重視する投資家のために、コーラブル債と呼ばれる発行体が期限前償還できるオプションのついた債券もある。これらは、たとえば10年満期の固定利付債券で5年後に発行体が償還する権利がついているものである。5年後に金利が低下した場合、発行体がいったん償還し、そのときの金利水準で再度発行したほうが有利な分、利回りが高めに設定されている。このような債券の組成では、発行体自身はオプション付きのスワップ取引を行い、マーケット環境による有利不利をなくすためのヘッジを行っている。

もちろん投資家の意思で債券を買ったときの値段で売り返す権利のついたプッタブルの債券もあるが、利回りはオプションの分だけ下がってしまうので、低金利下の現状ではほぼ見かけない。

また、不動産投信のように配当重視の投信においては金利のコストが非常に重要である。これらの投信は自己資本のほかにも資金を変動で銀行などから借り入れ、おおよそ2倍のレバレッジで不動産を購入している。不動産からの収益は家賃であり、テナントの変更がない限りほぼ一定額であるので変動金利の上昇が投信の配当に直接影響する。そこで通常は変動を固定にするスワップを活用するのであるが、金利が下がる局面においては金利上昇ヘッジとしてキャップの購入も選択肢となることもある。

b ヘッジファンド

金利オプションでは、実需のヘッジニーズに比べ、ヘッジファンドなどの運用サイドのニーズが非常に多い。ヘッジファンドは今後の日本の景気動向を予測し、景気回復とみれば金利上昇にベットする取引を行う。もちろん金利スワップを用いて固定金利を支払い、変動金利受取サイドのポジションを

構築すれば、将来金利上昇時に固定金利よりも変動金利が高くなり、利益をあげることができる。しかし、運用サイドが行うスワップ取引の多くは、期間が5年から10年などであり、これらは短期のスワップに比べマーケットリスクは大きい。また、相対取引であるため、トレーダーにとってはクレジットリスクも考慮しなければならない。そのような場合、多くのヘッジファンドは金利オプションを用いて固定金利を支払う権利、すなわちペイヤーズオプションを買うという取引を行う。

　ヘッジファンドにとって見通しがはずれ、金利が下がったとしても損失ははじめに支払ったオプションプレミアムに限定される。また、トレーダーにとってもオプションの売りであるから、先にプレミアムを回収するのでクレジットリスクを回避することができる。

　コモディティマーケットにおいても、ヘッジファンドの運用ニーズは大きく無視できない存在になっている。ヘッジファンドはファンダメンタルズを分析し今後の需給の見通しなどに確信がもてれば、大きくポジションをもつこともある。このような場合ヘッジファンドは単体のオプションやコールスプレッドやプットスプレッドなどを買い、リスクをプレミアムに限定しながらも先物以上の大きなリターンをねらう戦略をとる。

　ヘッジファンドが運用する金額は非常に大きくハイリターンを求めるため、取引サイズは実需のヘッジニーズより大きくなる。特にオプションを買う戦略の場合、極端にいえばオプションプレミアムが実際の運用金額になり、想定元本はあまり意味をもたない。たとえば、ヘッジファンドは数百万ドルをアウトオブザマネーのオプションに投資し、予想どおりになるとリターンは数十倍になるような取引を行う。このときヘッジファンドが買うオプションの数量は商品先物オプションでは1万ロット以上になることもある。需要家のヘッジでは1回の輸入量に相当する先物のロット数は500ロットほどであるが、ヘッジファンドの数量はそれをはるかに上回るものである。また、電子取引の板に通常出ている注文数量は数百ロット程度なので

第6章　オプショントレーディングとは

　ヘッジファンドとオプションを直接取引する場合、トレーダーはファンドと取引した後すぐに同じ行使価格、満期のオプションでカバーすることはできない。数日、場合によっては数カ月の時間をかけ、ポジションをカバーしていく。ある時は、他のヘッジファンドとの取引から生じたポジションがうまく相殺することもあるが、たいていの場合は、他のヘッジファンドの相場感も同じになり、むしろ同じような取引が集中することになる。したがって、トレーダーは長い間リスクをとり続けることになるので、ヘッジファンドの動向は非常に重要である。

2 ストラクチャードプロダクツ

　フロートレーディングにおいてわれわれは極力顧客ニーズに合わせた商品を提供することもできるが、取引する頻度が高いため、ある程度その商品設計は規格化されたものにならざるをえない。そこで頻度は少ないかわりにきめ細かい設計をした商品、すなわちストラクチャードプロダクツを提供するトレーディングがある。

(1) 自動解約付オプション

　ストラクチャードプロダクツのなかでも比較的単純な商品の例をあげてみる。顧客は価格上昇リスクをヘッジするために3カ月のコールオプションの購入を考えているとする。オプションプレミアムが高くヘッジ予算を超えてしまう場合、顧客は上限としたい行使価格のコールオプションを買うと同時にさらにその上の行使価格のコールを売却し、オプションプレミアムを安く抑えるようにする。これは、2章で述べたコールスプレッドと呼ばれるヘッジ手法である。

　このとき顧客は、オプション満期までにはまだ時間がありしばらくマーケットは一定範囲に止まるというような見通しをもっていれば、自動解約付

オプションを使うことができる。このオプションを使うことで、単純なコールスプレッド取引を満期までの間にマーケットがいったん下落しある水準以下に一度でもつけば、売却した行使価格のコールオプションのみが自動的に解約されるというスキームにすることができる。

もちろん自動解約の条件がなくても、顧客はコールスプレッドにおいて売却したほうのコールオプションを毎日モニターし、十分安くなったところで買い戻すことで同じ効果を得ることができる。

しかし、実需家である顧客が毎日特定のオプションのプレミアムをモニターするのはあまり実用的ではない。しかも、安くなったとしても、業者に連絡し買戻価格の見積りなどをとったりする手間もかかる。また、実際に解約した場合は解約関係の書類を整えたりなどいろいろと煩雑な手続が必要になる。

そこで、ある一定の条件で自動的に解約するようなスキームにすればこのような手間が省け、他のオペレーションに費やす時間もできる。ストラクチャードプロダクットトレーディングとは、こうしたニーズに応えるために自動解約付オプションなどを提供しそのリスクを管理していくトレーディングである。

a　価格算出

このような取引を行うためには、まずそういったオプション価格を求めるためのデリバティブプライシング技術が必要である。プライシングをするためには、4章で述べたモンテカルロシミュレーションモデルを用いる方法や、オプションの価格計算をするための公式を論文などで探し、それを基にモデルを構築する方法がある。もちろん現在では一般的に売られている計算ツールなどを活用することもできる。

まずはじめに、トレーダーはプライシングの公式などを導いた論文などを参考にVBAを用いてエクセルにてプライシングする。さらに、モンテカル

第6章　オプショントレーディングとは

ロシミュレーションモデルなどの別のアプローチも用いてプライシングし価格が妥当かどうか判断する。また、実際の取引後、トレーダーはシステムにそのトレードを登録するが、このシステムにおいても正しい価格が算出されるかどうか確認しなければならない。システムには第三者が開発したプライシングモデルが搭載されているので、オプション価格の妥当性を検証できる。

このように信用できるプライシングモデルを用意したうえで、トレーダーは、実際に顧客にストラクチャードプロダクツを提供する場合は、さまざまな確認作業が必要になる。計算方法自体を間違えていたり、適切なモデルを選ばなかったり、または使用するモデルが正しくても入力するべきパラメータが異なっていたりと、さまざまなリスクがあるからである。

まず第一に、イントリンシックバリューが正しいか確認することが重要である。イントリンシックバリューについては2章で述べたが、デリバティブプライシング上ではボラティリティをゼロと置いたときの現在価値のことを指す場合が多い。ボラティリティをゼロと仮定すれば、われわれはどのようなストラクチャーでもフォワード価格の四則演算で比較的容易に現在価値を計算することができる。したがって、プライシングモデルのイントリンシックバリューが異なっている場合は、無条件でそのモデルに誤りがある。

また、その商品の性質上、その価格が満たすべき必要条件も確認するほうが望ましい。これは、いま例にあげた自動解約付オプションであれば、このオプション価格は通常のオプションより必ず安くなるということを確認する必要がある。自動解約がついたオプションは、満期まで確実に権利があるオプションと比べた場合、満期前に権利がなくなる可能性があり不利になる部分があるからである。したがって、プライシングした価格がこの条件を満たさない場合は、すぐにモデルへインプットしたパラメータなどを再考しなければならない。この例は簡単であるが、商品の条件が複雑になれば、どういった条件が必要になるのかを見極めるのも一つの技術になる。

このようにプライシングの段階では3重にも4重にもわたり価格の妥当性を検証することが重要である。

b　リスクについて

　価格の妥当性が担保された後、次にこの商品特有のリスクについて考察しなければならない。自動解約付オプションが解約条件を満たすことで消滅した場合、顧客にとっては売却したものが消滅するだけなのでリスクがなくなる。また、消滅するタイミングは原資産価格が下落しコールオプションとしての価値が小さくなった場合であるので、トレーダーの立場でもさほど影響はないものと思われる。しかし、トレーダーは顧客取引に対しヘッジ取引も行っているので、そのヘッジポジションと合わせてリスクを考える必要がある。

　自動解約がついたオプションを顧客から買った場合、それをそのまま保有すると、インプライドボラティリティが低下したり、あるいはマーケットが予想よりも変動せずガンマPLを得ることができないリスクなどがある。そのため、オプションをマーケットで売却するなどなんらかのヘッジが必要となる。

　仮に顧客との自動解約付オプションと同じ満期、行使価格のオプションをマーケットで売却しヘッジしたとする。もし途中に解約が発生した場合、顧客からの買いのポジションは消滅する一方で、ヘッジで売却したオプションはそのまま残ってしまう。したがって、ヘッジで売却したオプションを買い戻す必要が出てくる。このときインプライドボラティリティが上昇していれば、コストがふくらむリスクがある。顧客取引だけがリスクになるわけではなく、ヘッジとして取引されたものも合わせてリスクを考える必要がある。

　また、3章のトレーディングシミュレーションでみたとおり、トレーダーは主にグリークスでリスク管理するが、自動解約というようなリスクはグリークスには現れにくいので、このような情報はポートフォリオのなかに埋

もれてしまう可能性もある。グリークスの定義を思い出してみると、あくまでもいまのマーケットが微小な変化をした場合にオプション価格がどうなるかを計算したものであった。自動解約がついたオプションで解約が発生する水準が現在のマーケットよりも相当離れているものは、解約が発生する確率は非常に小さいので、通常のオプションと同じようなグリークスになる。したがって、自動解約付オプションを通常のオプションでヘッジすればグリークス上はほぼゼロになり、ポートフォリオではみえなくなる可能性がある。

一方、2章で述べたシナリオ分析を用いた場合、われわれは原資産価格やインプライドボラティリティが大きく動いた場合のポートフォリオリスクをみることができた。自動解約付オプションとそのヘッジ取引をポートフォリオに入れ、原資産価格が大きく動き解約レベルまで達した場合のシナリオを分析する。このケースでは、上述のように自動解約付オプションは消滅しヘッジで売ったオプションのみが残った状態になる。したがって、シナリオ上ではデルタやベガに大きなずれが生ずるので、われわれはリスクを観察することができる。

また、こうした自動解約付オプションの挙動を考慮すればヘッジ方法もわかる。原資産価格が解約レベルに到達すれば急激にデルタが発生するので、その反対の取引、たとえば解約レベルを行使価格とするコールスプレッドなどをヘッジとして組み込むのも一つの方法である。なぜなら解約で失うオプション価値をコールスプレッドのペイアウトで軽減できるからである。

このように大まかなリスクヘッジができた後は、日々のマーケットの変動によって変化したグリークスの再ヘッジを行いポートフォリオを管理していく。

(2) 円建てオプション

a 典型的な活用ニーズ

(1)で述べた自動解約付オプション以外にも、顧客ニーズが多い商品として

円建てオプションがある。海外で取引されているものは当然円建てではなく、現地通貨建てになっている。われわれ日本人は海外の商品を輸入する際は最終的には円建てでの支払いになるが、この円の支払額に上限を設けるために円建てのオプションを活用するニーズがある。

例として1年後のシカゴコーンの円建て価格を考えてみる。ドル建てのコーン先物が4ドル、1年先のドル円のレートが100円とすると、1年先の円建てのコーン価格は400円になる。いま、われわれがこの価格でヘッジしたい場合、コーン先物を4ドルで買うと同時に4ドル分のドル円を買えばヘッジは完了する。1年後の円建て価格がいくらになろうとも400円の支払いでコーンを買うことができる。

今度は行使価格が400円のコールオプションを考えてみる。このオプションの保有者は1年先の価格が400円以上になれば、この価格が上限になり、それ以下に下落すればその下がった価格で買うことができる。このオプションを再現するためにコーンを対象とする4ドルコールオプションと、ドルを対象とする100円のコールオプションを4ドル分購入する。もし、コーンが6ドル、またドル円も110円まで上昇したとすればコーンもドルも双方のオプションを行使することによって、コーンは4ドルでドルも4ドル分100円で購入できるので円建ての400円という価格は保障されている。また、コーンが4ドル以下でドル円が100円以下であった場合は、どちらのオプションも行使せずにコーンもドルもそのときの価格で購入すれば400円以下で買うことができ、オプションを購入した意図どおりになる。

残りのケースでドル円が110円に上昇し、かつコーンが3ドル50セントに下落した場合を考えると、コーンについては4ドルコールはアウトオブザマネーになり行使せず、最終価格の3ドル50セントでコーンを買うことになる。一方、4ドル分の100円コールオプションはインザマネーになっており、このオプションを行使すると3ドル50セント分を100円で買うことができるから、結局3ドル50セント×100円で350円と安く買うことはできる。し

かし、このドル円の100円コールオプションは行使せず、最終レートの110円で買っても385円になり当初の予定どおり400円以下での購入という目的は達せられる。もちろん安く買えるのはよいが、われわれはオプションを購入するためにはプレミアムを支払わなければならない。効率のよいヘッジをするためには余分なものがあるのは望ましくない。

また、トレーダー側からみれば、顧客に対してこのような円建てオプションを売り、そのヘッジとしてドル円やコーンのコールオプションを上記のように買いヘッジするとオーバーヘッジとなる。もし、ヘッジ後にマーケットが動かなければ、買い過ぎの部分のオプション料はセータとして消え損失となる。

このように円建て価格を固定するスワップは、単純にフォワードを掛け合わせるだけで合成できるが、円建てのオプションについてはスワップのように単純にヘッジをするとオーバーヘッジになる。したがって、トレーダーは原資産が二つある場合のオプション価格の理論を基に適切な価格やグリークスを計算し、それをヘッジしなければならない。

原資産が二つある場合のオプションのグリークスは、おおまかには、コーンとドル円それぞれについてのデルタ、ベガ、ガンマ、セータである。このリスクは原資産が一つの場合と同様のもので、デルタはそれぞれの原資産である先物やスポット為替、またベガなどはそれぞれのオプションを用いてヘッジすればよい。

b　クロスガンマ

さらに、原資産が二つある場合に特有のリスクとして、クロスガンマと呼ばれるデルタが変化するリスクがある。クロスガンマとはコーン価格の変動がコーンのデルタ量のみならず為替のデルタ量にも影響を及ぼすといったように、一つの原資産の価格の変化が他の原資産のリスクに影響を与えるものである。以下、クロスガンマについて述べるためにトレーダーのポジション

を考察する。

　トレーダーが円建てのオプションを顧客へ売却した場合、理論上グリークスはコーンのベガと為替のベガがともにショートになっているので、ベガがゼロのなるようにコーンと為替のコールオプションを購入する。その後ポートフォリオのデルタがゼロになるようにそれぞれの原資産の売買を行う。

　いま、原資産がそれぞれ3ドル50セント、90円とし、上述したようなヘッジを行いポートフォリオ全体のデルタとベガがゼロだったとする。このとき円建て価格は3ドル50セント×90円で315円であり、オプションの行使価格400円からは離れているので、顧客へ売却したオプション自体のコーンのデルタ、為替のデルタはともに小さいはずである。仮に、これらのデルタを10％デルタとしておく。もし、ここで為替が動かずコーンだけが上昇し4ドル50セントになったとすると、円建て価格は405円となり行使価格400円の円建てオプションはアットザマネーに非常に近くなる。それゆえ、この円建てオプションのそれぞれのコーンデルタ、為替デルタともに50％くらいになっているはずである。

　ここでそれぞれのグリークスに注目してみると、この円建てオプションのコーンデルタは10％から徐々にショートが大きくなり50％くらいまでふくらんでいるが、コーンのオプションをマーケットで購入しヘッジをしているので、トータルのコーンデルタはあまり変化していないはずである。

　しかし為替デルタにおいては、ヘッジとして購入しているオプションがうまく機能せずにトータルの為替デルタはショートになっている。為替自体の水準は変動していないので、ヘッジとして購入した為替オプションのデルタはまったく変化しない。その一方で、この円建てオプションは上述のように、デルタが50％になっているため円建てオプションから生じる為替デルタはショートになり、その結果トータルの為替デルタはショートになる。

　為替自体の価格に変化がなければ、スポットでドルを買い、デルタヘッジを行えばポートフォリオのデルタは再びリスクがゼロになる。しかし、もし

為替をヘッジする前に為替レートが上昇すれば、値上がった為替を購入しなければならない。ここで為替オプションをヘッジとして保有しているので多少はガンマPLで補うことはできるが、すべてはカバーしきれていない。為替ヘッジ後に、もしコーンが売られ、再びもとの3ドル50セントに戻ると、円建てオプションも、もとのアウトオブザマネーに戻り、ふくらんだコーンと為替のショートデルタもなくなる。その結果、為替についてはデルタヘッジで買った分をそのまま売らなければならない。もし為替も売られていれば高いコストで買った為替を安く売らなければならなくなる。

このようにコーン価格が上がり為替価格も上がると余分なヘッジコストがかかることがわかる。また、逆にコーン価格が下がり為替も下がるとやはりヘッジコストがかかる。すなわち、二つの原資産価格の変化の相関がプラスの方向に強いときは、円建てオプションの売り手はダイナミックヘッジを行っていればコストがかかる。これは言い換えると相関がプラスの方向の場合クロスガンマはネガティブガンマとして作用する。また、逆に相関がマイナス方向のときはポジティブガンマのような性質になるのである。

このように円建てオプションは二つの原資産の相関係数によって有利にも不利にもなるので、実際に理論価格を求めるときには、モデルに相関係数をインプットする必要がある。この値はそのオプションが満期を迎えるまでの期間の平均的な相関の予想値である。したがって、取引時に理論価格を算出する際に使った予想相関値とそのオプションをダイナミックヘッジによって管理していく間の相関、すなわちリアライズされた相関を比較し、リアライズのほうが高ければ損失となる。この予想値とリアライズされた数値の関係は、ちょうどインプライドボラティリティとリアライズドボラティリティの関係と同じである。

(3) 仕組み債

(2)で説明した円建てオプションに内包される相関リスクは比較的単純なも

のであった。一方、1の4(a)で述べた債券をより複雑にした仕組み債と呼ばれる投資家向け商品の多くは、相関リスクが高度なかたちで組み込まれている。その商品のうちの一つに金利と為替を複合しハイリターンを追求する仕組み債で、**パワーリバース債**と呼ばれている債券がある。トレーダーは、この仕組み債を組成するために債券の発行体とオプションを内包しているスワップを行い、発行体には仕組み債からのリスクが残らないようにする。このスワップは相関リスクを内包しているので、トレーダーはダイナミックヘッジを行って管理する。このスワップのサンプルを図表6-1にまとめた。

　このスワップにより、トレーダーは1年ごとに発行体へ、ある決まった額のドルを支払い、円を受け取る。このサンプルではUSD10%-JPY5%という表記になっている。USD10%とは、あらかじめ決めたドル想定元本1,000万ドルに対する金額で実金額は100万ドルになる。また、JPY5%は円想定元本10億円に係るので5,000万円である。支払日には100万ドルを支払い、5,000万円を受け取ることになるが、ドル金額は当日の為替レートで円転する。ただし、為替レートが50円以下になると支払額はマイナスになるが、ゼロを下回らないという特約のためゼロで計算される。

図表6-1　パワーリバース債スワップの取引例

満期	30年
想定円元本	10億円
想定ドル元本	1,000万ドル（1ドル　100円換算）
支払い	USD10%-JPY5%
支払条件	年1回払い、支払日の為替レートにて円転して支払う。ただし支払額はゼロを下回らない。
受取り	JPY　6mLIBOR　年2回
キャンセル条件	毎年1回、金利支払日に翌年以降のスワップにつきキャンセルすることができる。

第6章　オプショントレーディングとは

　トレーダーは、この金額を毎年支払うかわりに発行体から円LIBORで定まる金利分を受け取る。さらにトレーダーは毎年の支払日に翌年以降のスワップ契約をコストなしでキャンセルする権利をもつ。この権利は、これまでみてきたコールやプットの一種ではあるが、支払い受取りの両方が変動金額であるスワップを対象としているので特殊である。

　このスワップと実際の仕組み債のクーポンを合わせると、マーケットリスクをとっていない。発行体はトレーダーから受け取った金額を債券のクーポンとしてそのまま投資家へ支払うため為替レートの変動を受けない。一方、トレーダーに対しては、円LIBORを支払うが、この部分は発行体にとって借入コストになっている。また、トレーダーがスワップのキャンセル権を行使した場合、発行体は債券を早期償還し借入金額を投資家へ返金する。

　このスワップの相関リスクについて考える前に、スワップ価格を構成する主な要素をあげると、円金利、ドル金利、為替レートの三つである。スワップのキャッシュフローからの情報だけでもおおよそのリスクの分析はできるので、支払サイド、受取サイドそれぞれについて考察する。

　トレーダーの支払サイドは、フォワードレート50円でのドル売り円買いのキャッシュフローが1年ごとに並んでいる。ここでの為替のフォワードレートはドル金利と円金利の差によって決まることを思い出すと、トレーダーのドル金利リスクは、ショートポジションになる。ドル金利が低下すれば円金利との差が縮まり、為替のフォワードレートは上昇し損失となるからである。なお、金利デリバティブにおいて、ロングショートの言い方は債券と同じサイドで表すことが多い。金利ショートイコール債券ショート、すなわち

トレーダーのポジション	
円金利	ショート
ドル金利	ロング
為替	ショート

債券価格が下がると利益になるサイドである。同様に考えると円金利のリスクは逆にロングポジションになる。また、明らかに為替のポジションはドル売りなのでショートである。

　一方、受取サイドを考えてみると、円金利を変動で受け取るため金利が低下すると受取額が減り損失になるのでトレーダーのポジションはショートである。なお、支払サイドではロングであったが、こちらのショートポジションのほうが定量的には大きいので、トータルすれば円金利はショートになる。

　おおまかなデルタリスクがわかったところで、相関について考えてみる。まず、このスワップはトレーダーサイドから途中でキャンセルすることができるという特徴がある。このキャンセル権があるため相関のリスクが内在する。

　円金利とドル金利の相関については、まず円金利デルタはショートであったので、円金利が低下するとこのスワップの価値は減少する。そのような場合、トレーダーにとってこのスワップを途中で解約するほうが得になる。したがって、キャンセル権を行使する確率が高まり、いままでドル金利のリスクをヘッジするためにもっていたドル金利のロングポジションが不要になる。すなわち、円金利が低下するとドル金利がロングになり、ポジションを調整しなければならない。このときトレーダーにとってドル金利が低下していれば低い金利でロングポジションを外すことができる。したがって、相関

図表6-2　3要素の相関関係

	トレーダーにとって有利な方向		
	円金利	ドル金利	為替
円金利		プラス	マイナス
ドル金利	プラス		マイナス
為替	マイナス	マイナス	

係数がプラスであれば有利な取引になる。

次に、円金利と為替の相関についてであるが、円金利が同じく下がった場合には、上述と同じ議論でスワップを解約する確率が高まり、為替ヘッジのロングポジションを外すため売らなければならない。よって、円金利が低下した場合、為替が上昇するようなマイナスの相関であると有利になる。

最後に為替とドル金利であるが、為替デルタはショートであったので、為替が上がるとスワップの価値は減少しキャンセルする可能性が高くなる。よって、ドル金利のロングヘッジポジションを外すときに金利が低下していれば利益が出るので、相関がマイナスであれば有利ということである。

以上のように、このキャンセル権付スワップ価格は主に三つの変数に依存し、それぞれの水準だけではなく各変数間の相関係数も関係する。しかし、スワップのキャッシュフローをみれば、われわれはこのスワップを計算するツールがなくとも、定性的なリスクはつかむことができる。

3 スマイルカーブの変化

オプションのトレーディングをするうえでスマイルが形成される理由を知ることは非常に重要なことである。特に、ストライクのミスマッチのリスクを抱えている場合はどのようなことが原因でスマイルがつくられるのか、またどのくらいのスピードで変化するのか見通すことは大切である。そこで過去の事例をいくつか紹介する。

(1) 為　　替

ドル円のボラティリティマトリックスの特徴は満期の長いオプション、特に10年超のインプライドボラティリティが非常に高いことである。満期の長いオプションはロングデイティッドオプションと呼ばれる。スマイルカーブはプットが高くコールが安い状況である。このようなスマイルになっている

理由は、2で述べたパワーリバースと呼ばれる仕組み債を組成するための、スワップから生ずるリスクヘッジによりプットを買いたいトレーダーが多いからである。このスワップで発行体はトレーダーからドルを受け取り、円を支払うことになっており、その支払日に当日の為替レートでドルを円転する。為替の水準次第では、支払いと受取りを合計すると発行体の支払いになりうる。この部分は、投資家への支払いに充てる利息部分なので発行体の支払いになる場合にはゼロとするという特約がついている。この特約はデリバティブに解釈し直すと発行体がトレーダーから為替オプションを購入していることになる。この行使価格は非常に低い水準に設定され、50円台のものもある。したがって、仕組み債のスワップを請け負ったトレーダーには50円台の行使価格のものを買いたいというインセンティブが働く。このパワーリバースという仕組み債は一時期ではあるが、数兆円規模の発行残高があり、どの債券もほぼ30年、長いもので35年の満期である。一方で、実需筋の為替ヘッジ対象となる期間はせいぜい1年、長くても5年程度であり、10年超の実需のヘッジは非常にまれである。したがって、10年超のマーケットではオプションに対する大きな需要と供給の偏りが生じており、これがボラティリティマトリックスの形成に大きな影響を与えている。

(2) 農産品

a シカゴコーンスマイルカーブ

　農産品オプションではスマイルカーブはハイストライクのインプライドボラティリティほど高くなる傾向がある。図表6-3はシカゴコーンマーケットの2012年の6月時点のZ2のスマイルカーブである。この時点でZ2先物価格は約550セントであり、アットザマネー近辺のインプライドボラティリティは32％程度である。一方、デルタが約10％の800セントコールのインプライドボラティリティは37％でアットザマネーより5％高い。

　このようにハイストライクのインプライドボラティリティが高くなる理由

第6章　オプショントレーディングとは

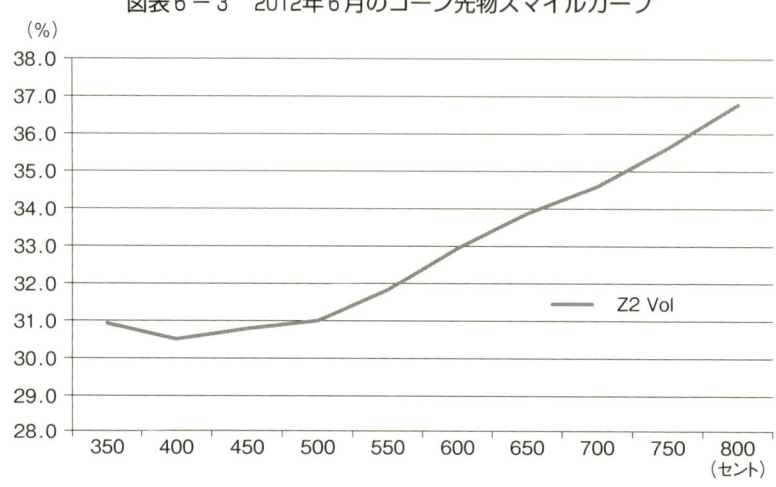

図表6−3　2012年6月のコーン先物スマイルカーブ

の一つは、インプライドボラティリティよりもオプションプレミアムそのものに着目して取引するプレーヤーが多いということである。特に、実需家は保険としてオプションを利用し、われわれが3章で行ったようなデルタヘッジなどは行わない。たとえば、この800セントコールのプレミアムは6月より前の時点では2セントくらいであり、掛け捨てできる金額であるため実需家が購入していたと思われる。

実際2012年のマーケットではこの時点から約1カ月後、1988年以来の大干ばつとなり、コーン先物価格は500セントから上昇し続け、最終的に850セント近くまで到達している。このとき保険として2セントで購入したオプションは、先物価格が850セントになったときには60セント以上の価格になり、価格上昇ヘッジとして機能した。

原資産価格が数カ月で2倍弱になる可能性は非常にまれではあるが、このように大干ばつなどが起こると実際に価格が急騰することがあるので、実需家はインプライドボラティリティが少々高くても、安価なヘッジであればかまわないのである。

また、別の理由としては、5章で述べたSABRモデルでみたように、アウトオブザマネーのインプライドボラティリティは理論的にはボラティリティのボラティリティに依存している。コーンのマーケットは5月以降は天候に左右される場面が多く、天候が悪化する予報が出るたびにコールオプションが買われインプライドボラティリティは上昇する。しかし、実際に天候悪化の予報が外れると一気にオプションは売り込まれる。このように5月以降はインプライドボラティリティが変動しやすい時期であるので、ボルオブボルが上昇しやすい。そのため理論上でも、アウトオブザマネーのインプライドボラティリティはアットザマネーに比べ高くなる。

b　シカゴコーンスマイルカーブ2

　5章で述べたSABRモデルのような高度なモデルを使ってトレーディングをしている人が少数派であり、参加者の多くが実需筋であるようなマーケットではスマイルカーブが突然変化することがある。2011年の収穫時期である秋頃のコーンマーケットでは当初、コーンの収穫高が期待ほどの量に達しないのではないかと予想していた。そこで、エンドユーザーはコーンの価格上昇ヘッジのためにハイストライクのコールを積極的に買い、インプライドボラティリティもアットザマネーよりも数パーセント高い状況が常態化していた。

　しかし、毎月定例の米国農務省の収穫高報告で、それまでマーケットが想定していた収穫高よりも、実際は多く収穫されたという内容が伝えられた。この報告により、マーケットは一転、売り優勢になりコーン先物は一瞬でストップ安となった。同時にハイストライクのコールオプションにも大量の売りが出ることになった。

　ヘッジとしてコールオプションを保有しているユーザーは、当然オプションに対するデルタヘッジはしていない。もし、その年の収穫高は十分でヘッジのためのコールオプションはもはや不要と考えれば、そのまま売却に動

く。この場合もインプライドボラティリティのレベルは関係なく、これまでのオプションプレミアムを幾分か回収できればよいのである。

オプションの売買がプレミアム中心で行われるような状況では、先物が暴落しリアライズドボラティリティが急上昇しているなかでも、ハイストライクオプションを中心にインプライドボラティリティも急落するという状態が起こる。結果、ハイストライクオプションのインプライドボラティリティがアットザマネーのインプライドボラティリティを下回る状況になった。

マーケットの大半の参加者のなかで、もはや当面コーン価格の上昇はありえないというコンセンサスができあがり、マーケットの参加者は行使価格が高いオプションがインザマネーになる可能性はないと考えたのである。通常、オプションのインプライドボラティリティは行使されるかされないかという主観的な見方で決まるわけではないが、このように参加者の先物価格の見通しのコンセンサスがスマイルカーブを変化させる要因にもなる。

c 大豆のスマイルカーブ

特定の行使価格のオプションの需給によってスマイルカーブが形成される場合がある。2010年から2011年頃の大豆のボラティリティスマイルはハイストライクオプションは高く、ローストライクオプションは低くなる、ほぼ右側に傾斜した直線のようなかたちをしていた。グラフでのアットザマネーのレベルは1,400セント、25％デルタのプットの行使価格は1,300セントである。

一部の報道によれば、当時大豆を主に輸入する中国勢が行使価格1,300セントのプットオプションを大量に売却していた。1,300セントの水準は当時の大豆相場ではサポートレベルであり、先物価格は下落してもその水準でリバウンドすることが多かった。したがって、プットが行使される可能性はあまりないであろうという見通しからプットオプションを売却し、プレミアムをとる戦略であった。仮に、プットが行使され、先物を1,300セントで買う

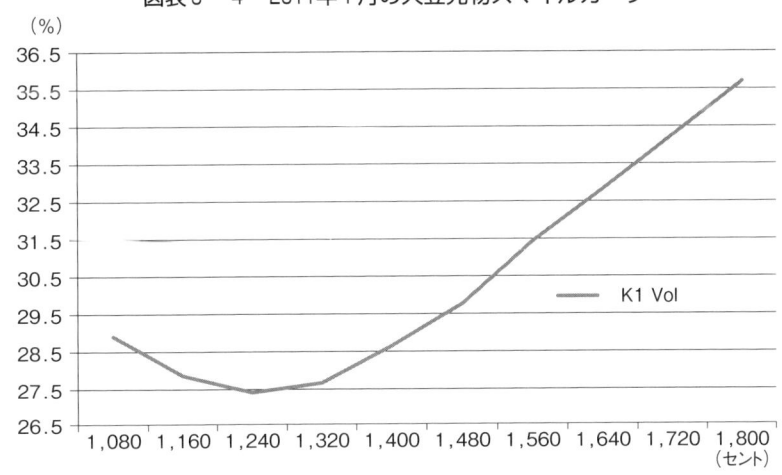

図表6-4 2011年1月の大豆先物スマイルカーブ

ことになっても、彼らは実需として大豆を購入しているのでその代金に充てればよい。その価格で十分に採算をとることができれば問題ないのである。したがって、この行使価格を中心にプットオプションが売り込まれ、インプライドボラティリティは低下圧力を受けた。

d　シュガーのスマイル

マーケット価格が一方的に上昇し続けるような大相場ではインプライドボラティリティは非常に高いレベルになるが、このような状態で、スマイルカーブはどのように形成されるのであろうか。

2009年と2010年のニューヨークシュガーマーケットでは砂糖の原料となるサトウキビが不足し、価格の上昇が起こった。砂糖の先物はニューヨークのICE取引所に粗糖として上場している。粗糖とは砂糖を精製する前の不純物が混じった段階のものである。

2008年までは各国の粗糖の生産が順調で、しばらく1ポンド、約450グラ

第6章　オプショントレーディングとは

ム当り13～16セントでのレンジで推移していたが、2009年は各生産国で天候不順になった。最大の消費国でかつ生産も行っているインドは乾燥気味の気候となり、前年は輸出国であったのが一転、砂糖を輸入することになった。

また、世界最大の輸出国であるブラジルでは、一部地域の雨によるサトウキビの被害が報告されていた。このようななかで、先物は次第に買われ、翌年2010年の2月には2倍近くの30セントまで到達した。

価格があまりにも高騰すると、特に砂糖のような代替が効く商品に関しては消費者はいったん買いを控えるようになる。そのため2カ月間という短い期間で先物は下落に転じ、2010円4月には大相場が始まる前の15セント近辺まで戻った。しかしその後、翌年も天候悪化のため不作になり、先物は再びじりじりと買われた。翌2011年2月には、もとの価格の2倍以上の35セントにまで到達するという相場になった。

インプライドボラティリティは2009年当初はアットザマネーが40％、ハイストライクが42％、ローストライクは38％と右に傾いた直線のようなかたちであった。価格上昇を見込んで、ファンドを中心にハイストライクのコールオプションを買い、ローストライクのプットを売るリスクリバーサルなどが頻繁に取引された。一方で、下値をプロテクトするプットを積極的に買う参加者はあまりいなかったのである。このようなオプションマーケットでのアクティビティが直線的なスマイルカーブ形成の要因になった。

しかし、先物が2010年にいったん天井をつけ、その後の急落を経て再び上昇すると、人々は上値も気になるが、前回のような暴落も怖いという、上下両方向への警戒感が強まり、ハイストライクコールだけでなくローストライクプットも積極的に買われた。先物が35セントに到達するころのインプライドボラティリティは、ローストライクからハイストライクまでほぼ同じレベルの58％となり、スマイルはフラットなかたちをしていた。

先物の価格変動も大きく、リアライズドボラティリティは一時的に60％以上になっていたため、オプショントレーダーはアットザマネーの行使価格の

図表6-5　2010年12月の粗糖スマイルカーブ

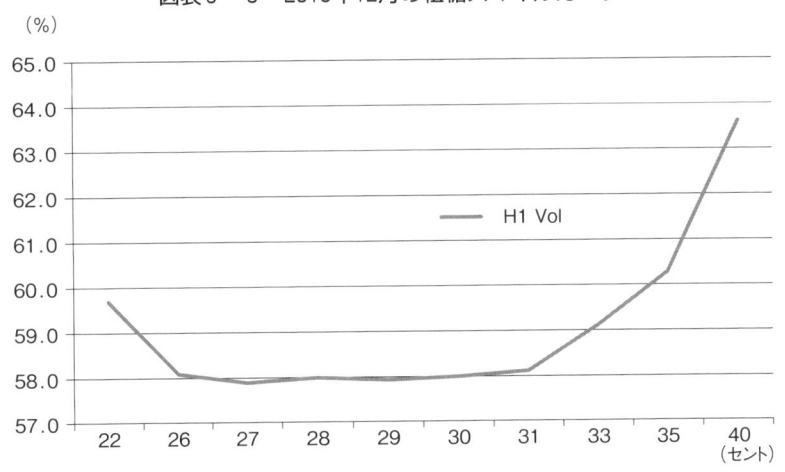

オプションを保有し、デルタニュートラル戦略でガンマPLを収益化することも容易であった。したがって、アウトオブザマネーのオプションのみならずアットザマネーのオプションにも買いニーズがあり、それがスマイルがフラットになる要因の一つであったと推測される。このシュガーマーケットのケースは、マーケットがある種のパニックのような状態になってボラティリティスマイルがフラットになった例である。

(3) 金　利

金利オプションのスマイルの形成は顧客のフローと密接にかかわっている。仕組み債に係るオプション付きのスワップ、銀行のポートフォリオやヘッジファンドからのフローなどが主にスマイルの形状を変化させる要因である。

仕組み債のなかでも1(4)aで述べたコーラブル債の発行残高が増加すると、トレーダーにはアットザマネーから0.5～1.0%程度ハイストライクのス

ワプションのロングポジションが蓄積する。スワプションマーケットが日本で始まったきっかけの一つはコーラブル債やコーラブルローンがポピュラーになり、そのヘッジとしてスワプションの取引が活発になったことである。

ただ、当時はアットザマネーのオプション自体の水準が不透明で参加者は手探り状態であり、スマイルの概念もなかった。その後取引が活発になりマーケットが整備されるとハイストライクのオプションは若干弱含む展開となった。

また、変動金利の指標として長期金利を用いる仕組み債の発行も増加した。そのヘッジでコンスタントマチュリティースワップと呼ばれるオプションリスクのあるスワップの取引が活発になった。トレーダーはこのスワップをヘッジするためハイストライクのオプションの買いを優先させ、このことはスマイルの形状を変化させる要因になった。

ハイストライクのオプションが高くなってくると、リラティブバリューに着目したヘッジファンドが、ハイストライクのオプションを売りアットザマネーオプションを買うというようなパッケージ取引を活発に行った。こうした取引はそれまでハイストライクのオプションの買いが優勢であったマーケットのセンチメントを変化させた。

このようにスマイルの形成はそのときに活発になった取引によって大きく影響を受ける。こうした取引の周期は数年単位であり、農産品のスマイルが1年単位で変化するのとは対照的である。

4 その他のオプショントレーディング

(1) ライトオフ戦略

オプションポートフォリオをダイナミックヘッジで管理するときに重要な戦略の一つにライトオフと呼ばれる手法がある。ポートフォリオ管理とは、

そもそも大量にあるオプションをあたかも一つのものとみなして、グリークスを基に管理していくことであったが、ライトオフ戦略とはポートフォリオのなかからある特定のオプションだけを取り出し、別に管理していくことである。具体的には価格の低いオプションのロングポジションをポートフォリオから抜き出し、それに伴うグリークスのヘッジも解消する。抜き出されたオプションの価値をゼロとみなし、単独で管理することでポートフォリオ全体の管理を簡単にすることができる。

　例として日経平均オプションのポートフォリオを保有しているとする。もしそのなかで、オプション価格が1円程度と低いロングポジションがあれば、それをポートフォリオから抜き出す。この場合、ポートフォリオのグリークスは抜き出したオプションがもっていた分が変化するが、これをヘッジすることでポートフォリオのグリークスを元に戻すことができる。

　一方、抜き出したオプションは価格はモニターするが、グリークスのヘッジは行わない。このときヘッジをしないで失うPLは、この抜き出したときのオプション価格の1円なので、最大損失はこの金額となる。したがって、このヘッジなしのオプションはダウンサイドが限定的で、かつ、イベントなどでこのオプションにとってよい方向にマーケットが動けば、価格は数倍、数十倍にもなりうる。

　もし、このオプションをライトオフせずポートフォリオのなかで管理すると、高々1円分の価値をヘッジするために、先物や先物オプションのヘッジを繰り返すことになる。場合によってはマーケットのビッド・オファーコストや、事務コストなどのほうが高くなることもある。もっともポートフォリオで管理している以上、このオプションに係るヘッジコストのみを計算することはできない。しかし、ロングオプションをヘッジするために、われわれはなんらかのショートオプションでヘッジしているはずであり、それがまったく同一のものでない限り、ミスマッチのリスクが必ず存在している。このように総合的に考えれば、1円を捨てるつもりでポートフォリオから外すほ

第6章　オプショントレーディングとは

うが結果的によい場合が多い。

　オプション取引を行いポートフォリオにそのオプションを入れたときの価格は、それほど小さいものではなくても、ある程度時間が経過しマーケットが変動した後では、その価格は非常に小さいものになっていることはよくある。このようなとき、ライトオフ戦略をとれば、われわれはライトオフしたときのオプション価格にリスクを限定しつつ、大きなリターンを得ることが可能である。

　二つの金利差を原資産とするようなスプレッドオプションに対してもライトオフ戦略は有効である。1990年後半にかけてはさまざまなかたちの金利オプションが流行したが、大半のオプションはダイナミックヘッジをするのが非常にむずかしいものであった。たとえば、2年スワップ金利と6カ月LIBORの金利差を毎日観察し、もし6カ月LIBORが2年スワップ金利を逆転する日があれば、オプションの売り手は買い手に決まった金額を支払うというスプレッドのデイリーデジタルオプションがあった。

　当時、金利構造は順イールドすなわち満期の短い金利は利率が低く、満期の長い金利ほど高くなるという構造であった。この金利構造が逆転する、いわゆるインバースの状態になるのは一般に景気がよいときから悪く反転するときに起こる現象であり、当時のようにすでにバブルがはじけ景気が悪く、短期金利は1％以下の水準であるときに2年金利と6カ月LIBOR金利の逆転が起こる可能性は少ないと思われていた。

　このような景気の状態と金利カーブの関係の傾向をうまく利用する手段として、金利のスプレッドオプションを売却し、プレミアムを得るという取引があった。そのオプションの買い手として引き受けたトレーダーは、実際にそのオプションのグリークスをみて、ダイナミックヘッジを行ってポートフォリオ管理をしていた。取引が約定した後しばらく金利は順イールドのままであったので、このオプションはセータによりどんどん価格が下がっていき、ほぼゼロに近い値となっていた。しかし、そのままポートフォリオ管理

を行っていたため、そのオプション価格がゼロに近いところまで下がったことには気づかずにダイナミックヘッジを続けていた。

　当時は景気がさらに悪化し続けていたため、不良債権をもつ銀行の信用力にも不安感が増していった。LIBORレートの決定権は邦銀が半分であったので、邦銀の借入レートが上昇すると、結果LIBORも上昇することになった。

　一方、2年金利は当分利上げがないとの読みから若干下がるような動きとなり、その結果2年金利とLIBOR金利は逆転することになった。それに伴いこのスプレッドオプションの価値も上昇し、一時はゼロに近い価格であったものがその数十倍の価値にもふくれあがった。その価値の上昇から6カ月LIBORのデルタと2年金利のデルタも非常に大きな値となり、想定元本ベースでは1兆円弱にもなった。

　しかし、マーケットではそもそもスポットスタートの6カ月LIBORのデルタをヘッジするためのツールは、TIBOR先物と呼ばれる短期金利先物しかなかった。この金利先物は邦銀のクレジットのみを反映する先物であり、当時はLIBORとの相関はほぼない状態であったためヘッジとしては機能していなかった。その結果、ダイナミックヘッジを行うことがもはや不可能となり、オプション価格が高い状態でのライトオフになった。このようにヘッジがむずかしいオプションにはライトオフ戦略は非常に重要なツールとなる。

(2)　電子取引におけるオプショントレーディングの工夫

a　ストラドル

　オプションのエンドユーザーは、オプションを単体で取引、あるいは数個を組み合わせて取引する。一方、トレーダーが自分のポートフォリオをダイナミックヘッジするときは、単体のオプションを売買することはあまりない。彼らはポートフォリオのグリークスを調整するために取引するので、単

体のオプションを売買すると、デルタ、ベガなどそのグリークスの調整に不必要なリスクまで抱えることになるからである。

　デルタをニュートラルに保つ方針のもとでダイナミックヘッジを行っている場合、もしトレーダーがベガリスクをカバーしたいときは、アットザマネーのストラドルを購入する。アットザマネーのストラドルは同じ行使価格のコールとプットを購入する取引で、二つ合わせればデルタはほぼゼロでありポートフォリオのデルタ量には影響がないからである。

　もちろんコールオプションやプットオプションを単体で取引することもできるが、それには執行のリスクが伴う。オプション単体で取引するとデルタリスクも増加するので、あらためて原資産をヘッジしなければならない。原資産のマーケットの動きは非常に速く、オプションを取引したときの原資産価格と、そのデルタヘッジで原資産を取引しようとしたときの原資産価格は変化していることがある。

　インプライドボラティリティはデルタヘッジが行えた原資産価格とオプションプレミアムの関係で決まるので、このようにオプション取引と原資産取引が同時でないと意図していたインプライドボラティリティでの取引はむずかしくなる。特に、マーケットが荒れているときの執行リスクは大きく、まとまった数量のオプションを取引することはむずかしい。

　そのような理由でトレーダーはストラドル、あるいは行使価格の異なったコールプットの組合せであるストラングルなど、デルタがない組合せでオプションを取引する。厳密にいうとアットザマネーのストラドルでもわずかにデルタが残っている。特に、ストラドルを用いてポートフォリオを精密にヘッジする場合、アットザマネーのストライクよりもわずかに高いストライクを選んで完全にデルタニュートラルのストラドルで取引することもある。

b　カバード取引

　ストラドル、ストラングル以外にもカバード取引と呼ばれるデルタニュー

トラルの取引方法がある。これはシカゴ取引所などでは電子取引でも可能な方法である。

　コールオプションを買う場合、デルタヘッジで先物を同時に売ればよいが、このパッケージ取引を一つの電子取引の板にすることができるのである。具体例をあげてみよう。450コールを買う場合で先物価格が400セントのときにこのデルタリスクが10％だとする。そのとき、コールオプション100ロットの買いに対して先物を10％分、すなわち10ロットを400セントで売る、というパッケージ取引を行うことができる電子取引の板を、トレーディングデスクにある先物発注端末でつくることができる。この板をつくるには、450コールとヘッジで使いたい先物の限月、その先物のリファレンス価格、とデルタの四つの情報を入力し取引所へ送信するとその板をつくることができる。設定する先物の限月は、もちろんコールと同じ限月を通常は選択するが、別の限月も選択することは可能ではある。

　このようにしてつくった板は通常の先物やオプション板と同様に、売りと買いがマッチすれば成立する。成立した価格でオプションが売買され、それと同時にレファレンス価格でのデルタ分の数量の先物売買も成立する。なお、この先物のレファレンス価格は現在の先物取引価格ともちろん異なる価格であってよいが、あまりにかけ離れたものを選択すると、取引所から板をつくるときに拒否される。

　通常の参加者は、このように新しい板ができても気がつかないが、ある特定のマーケットメーカーは板が新しくできると、即座にそれに反応し買いと売りの気配値を入れてくる。このようなカバード取引は、先物のリファレンス価格やデルタ数量の選択などつくり方に自由度が多いので、理論上板の種類は無数につくることができる。このような状況で新たに板をつくると、それにすぐ反応するマーケットメーカーの技術には驚かされるものがある。

c　その他のパッケージ取引

　いままで述べた取引はデルタニュートラル取引であり、ポートフォリオのベガのロングやショートを調整するために行う取引であった。ポートフォリオに行使価格間や満期の異なるオプションのベガリスクがある場合は、どのような取引を行うべきであろうか。この場合はベガニュートラルかつデルタニュートラルになるようなパッケージ取引を行うことで、執行リスクをとらずにポートフォリオを調整できる。

　具体例として、コーン先物価格が450セントのとき、400セントの行使価格のベガ1万ドルのロングを550セントのベガに振り替える取引を考える。はじめにベガリスクが1万ドルになるような400セントプットのロット数と550セントコールのロット数を逆算する。仮に、それぞれが100ロットと200ロットとすれば、550セントコールと400セントプットのスプレッドを2対1で買う取引をすることによりベガニュートラルを保つことができる。さらに、このコールとプットのデルタ分を合計した数量を仮に80ロットとすれば、このロット数分を450セントで売るというパッケージ取引をすることでデルタ、ベガニュートラルの取引となる。実際の取引では550コール400プット、2対1スプレッド、デルタ450、80％としてこのパッケージ取引の価格を提示する。

　マーケットでは原資産を含めたパッケージを取引するものはデルタエクスチェンジ取引と呼ばれ、原資産の数量の割合と同時に原資産をやりとりする際のレファレンス価格も提示する。このような取引方法を用いると、トレーダーは原資産価格が多少変化してもマーケットにオーダーを置いたままにしておくことができる。したがって、他のオーダーを同時に出すことも可能となり取引の効率化につながるため、多くのトレーダーがこの取引方法を用いる。

⑶ アルゴリズムトレード

a　アルゴリズムトレードとは

　アルゴリズムとは、あらかじめ定められた手順のことで、たとえばマーケットが1下がったら1単位買う、2上がったら5単位売るというような手順のことである。

　アルゴリズムトレードとは、この手順をそのとおりに実行し取引することである。最大の利点は、手順が決まっているので人間ではなくコンピュータに行わせることができるということである。コンピュータに実行させることによって、人間の場合とは異なった種類の取引が可能になる。

　一つは決められたとおりきちんと取引ができるということである。人間が取引する場合、いくら過去データに基づきアルゴリズムを用いて取引しようとしても、その場の雰囲気などで、つい利食いを早くしたり損切りを意図的に遅らせたりする。しかしながら、そのような場合でも冷静に振り返ると過去のデータに基づいた想定内のケースであることが多く、結果パフォーマンスの悪化になる。しかし、コンピュータに行わせることでトレーダーは感情に流されることなく、あくまで自分の分析に基づいた冷静な取引が可能になる。

　また、人間が取引を行う場合、トレーダーは一つまたはせいぜい二つくらいのマーケットでの取引しかできない。一日中売買をするときに多数のマーケットを相手にしていると、売買の数量や銘柄などでミスをしてしまうリスクも非常に高くなる。しかし、コンピュータであれば、トレーダーはいくつものマーケットを相手に取引することが可能であり、ミスもほぼゼロになる。したがって、非常に効率がよい取引が可能になる。

　アルゴリズムトレードのその他の利点は、取引を高速に行うことができることである。アルゴリズムトレードそのものは手順を実行するだけなので必ずしも高速取引を意味するわけではない。アルゴリズムのなかには買いが成

立したら、ある一定の時間をおいて売り返しにいくといった時間をわざと遅らせるものも存在するからである。しかし、コンピュータで行うことで、トレーダーは高速取引を行うことが可能になり、1秒間に数回買いと売りを成約し利益を確定させるというような取引も実際にある。

b 高速取引の例

具体的なアルゴリズムをここで簡単に紹介し、1秒間に複数回売買を成立させ利益を確定させる取引が起こる理由を推測してみる。以下A、B、Cの3人のマーケット参加者を仮定する。

Aトレーダー…単純にいま、まとまった数を売らなければならない人
Bトレーダー…アルゴリズムBを用いてマーケットに参加。ここでのアルゴリズムBとはマーケットのベストビッドの価格よりも1ティックかそれ以下に自分もビッドを置き、もし取引が成約すればいま買った価格よりも1ティック高い価格に売りを出すというアルゴリズムである。
Cトレーダー…アルゴリズムCを用いてマーケットに参加。ここでのアルゴリズムCとは急に売られたときに買いを出すというアルゴリズムである。実際にはラストトレード価格が数ティック以上下がった場合に買いを入れるというようなことである。

Aトレーダーがベストビッドよりも低い価格または成り行きで売りをオーダーしたとする。その場合数量が多ければアルゴリズムBを用いてビッドしていた買いが成立する。アルゴリズムBによって買いが成立したので、Bトレーダーから1ティック上で売りが入る。一方、Aトレーダーの行動によりマーケットが急に売られ価格が数ティック下がったのでアルゴリズムCが発動し、Cトレーダーは買いのオーダーを出す。このオーダーがアルゴリズムBで置いた売りにぶつかり約定する。アルゴリズムBでは売りが成立し利益が確定するとまた買値をマーケットに出す。そのためAトレーダーが売りを大量に出している場合、アルゴリズムBでの買いがもう一回約定することに

なるとともにアルゴリズムCもトリガーし、またアルゴリズムBでの売りも成立することになる。このようにアルゴリズムBは、1秒以内の間に複数回売買が成立し利益をあげることができる。また、先物マーケットには多数の異なる種類のアルゴリズムトレードが存在しているため、ある取引をきっかけに別の取引が次々に成立することがある。

c　アルゴリズムトレードの目的

　アルゴリズムトレードはスピードが要求される取引に用いられる。bで述べたような1ティックの鞘をとるためのトレードや、マーケットに成り行きの買いや売りが出たときに、その価格を拾うトレードは速さが勝負となるので、アルゴリズムを考えコンピュータに実行させる。このような取引に向いているためデイトレーダーが用いることが多い。

　また、他の用途としては、大口の投資家、大規模な生産者などがマーケットの通常の取引数量を上回る数量を取引しなければならない場合にアルゴリズムトレードを用いる。大口取引では、自分の注文でマーケット価格が崩れてしまい予想よりも悪い価格での取引となることがある。こうした事態を避けるために、たとえば売りたい場合、常にベストオファー価格で売りのオーダーを入れ、マーケットが崩れないように少しずつ売っていくというようなアルゴリズムを用い、価格が不利にならないようにする目的で用いられる。

　アルゴリズムトレードは、オプション取引を行う場合でも重要なツールになる。ボラティリティを目的としてオプションを取引する場合、トレーダーはまず先物価格を観測しそれに基づいてオプション価格を計算し、買いや売りのオーダーを出す。その価格でオプション取引が成立すれば、直ちにデルタヘッジを行うため先物を売買する。意図したボラティリティの水準でオプションを取引するためには、ヘッジの際の先物価格はそのオプションのボラティリティを計算したときの価格でなければならない。

　しかし、電子取引では、オプションが約定した直後にはすでに先物価格自

体が変化し、デルタヘッジを手動で行おうとしても間に合わない場合が非常に多い。これは、むしろ先に先物価格が動き、オーダーしていたオプション価格のボラティリティの水準が、自分にとって不利なものになったところをキャンセルする間もなく、他のオプショントレーダーに取引を成立させられたということである。

あるオプション価格が、指定したボラティリティよりも低ければ買い、同時にそのオプションのデルタ分の先物を売買するというようなアルゴリズムをコンピュータに行わせているトレーダーがすでに多くいるためであると思われる。したがって、コンピュータに対抗するにはやはりこちらもコンピュータを用いる必要がある。

(4) オプション行使リスク

a スワプション

一般的にストラドルとは先物マーケットではコールとプット、金利オプションではレシーバーズオプションとペイヤーズオプションを同時に買う、売るという組合せのことであった。しかし、金利オプションではどちらか一方しか行使できないという制約がある場合が多い。通常、同じ行使価格のオプションを同時に行使することに合理性はないが、OTC特有の行使リスクがある。

金利オプションの行使は、行使日の東京時間午後3時までに相手に電話などで通知することになっている。行使価格が原資産価格に近い場合、オプションを保有する側はなるべくぎりぎりまで保有し、その時間まではガンマトレードを行って利益をあげようとする。しかし、多くのオプションを保有しその当日に多くの相手への通知が必要な場合、トレーダーは余裕をもたせ15分前などに行使の通知をすることが多い。

ストラドルの片側であるペイヤーズを行使した後、マーケットが大きく動くと、レシーバーズがインザマネーになることもある。このような場合には

あらためてレシーバーズも行使するということがあるため、結果ストラドルの両方が行使ということもある。システムの都合上、ストラドルという商品として管理する会社もあり、そこでは両方が行使されることが前提となっていないことがある。また、売り手側の心理的からいえば、一度決着がついたものが再びリスクとして現れるようにみえる。このような理由からストラドルはどちらか一方のみの行使に制限する場合が多い。

元本が50億円のストラドルは、プットコールパリティから元本100億円のレシーバーズ、またはペイヤーズオプションとフォワードのスワップの組合せに等しい。このことからストラドルを両方とも時間を変えて行使することは100億円のオプションを半分の50億円分だけ行使するのに等しい。はじめに半分行使し、後で残りを行使しないと宣言することと同じ取引効果になっている。したがって、ストラドルの片側のみの行使に制限するのはパーシャルエクササイズ、部分行使を制限することに等しい。

このようなストラドルの行使に対する制限を避けるには、マーケットでの取引はストラドル、約定後はレシーバーズとペイヤーズオプションの二つの取引としてお互いに同意し認識するようにすればよい。

b　先物オプション

満期と行使価格が同じコールとプットは先物を通じて同じものであることをプットコールパリティで説明したが、実際の取引では満期が近くなったプットとコールを入れ替えるマーケットがある。このマーケットはスイッチマーケットと呼ぶこともあるが、具体的にコーンオプションの例を出して説明する。先物が400セントのとき、

①400コールを買い
②400プットを売り
③先物を400セントで売る

の三つのトレードを同数量、パッケージで取引するマーケットである。この

第6章 オプショントレーディングとは

　パッケージ取引の価格は、ゼロがミッドマーケットであり、特に強く取引を望む人がいなければマーケットでは−0.125ビッド＋0.125オファーとなっている。このパッケージ取引のビッドとは400コールを買うサイドであり、オファーサイドはコールを売るサイドである。

　オプションシミュレーションでも体験したかもしれないが、インプライドボラティリティの割高割安をみてオプショントレーディングを行うと、いつの間にか同じ行使価格のプットがロング、コールがショート、合計のベガリスクはゼロのようなポジションになることがある。

　満期直前までこのポジションはリスクはないが、オプション満期日の取引終了間際にリスクが現れることがある。いま400コールを100ロットロング、400プットを100ロットショート、デルタヘッジで先物を100ロットロングというポートフォリオをもっているとする。

　オプションの行使は、マーケット終了後に通知することで行われるが、先物価格が行使価格に非常に近いところで取引を終了すると、行使リスクが発生する。このケースで、たとえば400ちょうどで先物が終了した場合、400コールを行使すると判断すれば、400コールがすべて先物になり、ヘッジでショートしていた先物と合わせればゼロになり、リスクはない。

　しかし、400プットの行使は相手によるので、行使されるかどうかは不明である。行使されたかどうかの通知は取引所がすべてのオプションの行使の処理が終わった後なので、通知を受けプットが何ロット行使されたかを確認してからコールを行使することはできない。

　さらに100ロット分すべてが同じ相手ではないので、何ロット行使されるかも不明である。行使されると、その分だけ先物がロングになり、ポートフォリオ全体でもこの先物がロングになる。コーン先物オプションの満期日は金曜日に設定されているので、先物がロングになったまま週末を迎えた場合、月曜日にあらためてヘッジしなければならない。特に、天候相場の時期には、週末の天気次第で月曜日のオープニング価格は前金曜日のクローズ価

格とかけ離れた価格になることもあるので、リスクとしては無視できない。

いまの例は先物がちょうど400セントとしたが、400.25セントなど行使価格に非常に近いクローズ価格であっても、先物価格に対して見通しがあれば400プットを行使する場合もあるので同じようなことが起こる。したがって、このポートフォリオを保有し、先物価格が行使価格に近くなった場合、スイッチマーケットを利用してポジションを解約する必要がある。

スイッチマーケットでは、該当するポジションをもっていない人がこのようなパッケージ取引を行うインセンティブはない。そのためポジションを解消したい人が、ちょうど自分と反対側のものをもっていれば理論どおりゼロで行えるが、そうでない場合はプットコールパリティに反してある程度のコストを支払うことになる。

(5) オプションプレミアムトレード

2章でみてきたオプショントレーディングの手法はグリークスに基づいたものであったが、ここではグリークスよりもオプションのペイオフとプレミアムに着目したトレーディングを紹介する。これらはオプショントレーディングというよりもオプションを使ったデルタトレーディングというべきものである。

a　コンディショナルスプレッド

金利マーケットにおいて各年限のスワップ金利は需給などによって割高割安になる局面がある。そこで割安な年限のスワップをショートし、割高な年限のスワップをロングするというようなスプレッド取引がしばしば行われている。10年金利や20年金利などの長期金利水準は、通常10年金利が20年金利よりも低い状態、すなわちイールドカーブの形状は順イールドになる。長期金利が逆イールドになるのは、これまでのデータによれば利下げ局面が始まるときにみられる現象である。円金利は過去10年以上金融緩和状態であり、

第6章 オプショントレーディングとは

これ以上短期金利は下げられない状態である。したがって、長期金利が逆イールドになり、20年金利から10年金利を差し引いた10年20年のスプレッドがマイナスになる可能性は少なく、むしろ20年金利は流動性プレミアムやインフレリスクを織り込み50～100bps高い水準にあることが多い。

しかし、スワップマーケットでは長期金利ゾーンで、しばしば大きな金額の取引があり、イールドカーブの形状がゆがむときがある。そのため、そのイールドカーブから計算される数年先の10年スワップ金利と、20年スワップ金利のスプレッドが通常のスポットよりも極端に狭くなっているときがある。そのような場合に、たとえば満期が数年先の10年スワップのペイヤーズオプションを売り、20年スワップのペイヤーズオプションを買うというような組合せを用いてポジションを構築することを考える。このときオプションのボラティリティ次第でプレミアムがネットで受取りになることもある。

ポジション構築後、イールドカーブのゆがみが修正されればポジションを解消し利益を確定させることができる。また、修正されずにマーケットが変化しない場合でも、オプションプレミアムがネットで受取りになるような有利なかたちでポジションを構築できていれば、プレミアムの受取りはできる。そして、フォワードスタートのポジションは次第にスポットに近づいていく。いまのケースでいえば数年先のフォワードではスプレッドは狭いが、このまま何も起こらず時間が経過すれば徐々にスポットのスプレッドの水準になるということである。したがって、最終的には収益をあげることができ、リスクを抑えてリターンをねらうことができる。

b　先物カレンダースプレッド

先物オプションでもスワプションのような組合せでコンディショナルスプレッドをつくることができる商品もある。日経平均オプションなどはアクティブな限月が限定されているのでむずかしいが、シカゴコーン先物マーケットのようなアクティブな先物市場においては可能である。たとえば、

コーン先物では7月限月を買い12月限月を売りというようなカレンダースプレッドを構築することがしばしばある。供給が需要に対して不足しがちになれば新穀が収穫される前の7月限月に買いの圧力がかかる。一方、12月限月は収穫後の先物価格であるから供給の心配がさほどないので、供給懸念がある場合はこのようなカレンダースプレッド取引を行う。

　もちろん先物をそのまま売買してスプレッドポジションを構築してもよいが、天候やイベント次第では供給懸念が一転しスプレッドも瞬時に不利な方法へ動いてしまうこともある。しかしオプションを用いればリスクを限定的にすることができる。この例のように供給懸念がある場合には先物の絶対値が上昇するときにスプレッドは有利に働き、また先物の絶対値が下がればスプレッドは不利に働く傾向がある。そこで7月限月のコールオプションを買い、12月限月のコールを売る、というようなコールスプレッドを組む。このポジションでは、われわれは思惑どおり供給が不足し価格が上昇したときのみスプレッドポジションに入ることができ、価格が暴落した場合にはデルタがなくなるので、リスクを限定することができる。

　ここで重要な要素は、12月限月の先物に対してオプション満期が7月という変則的なオプションがシカゴ市場では上場し取引されているということである。なぜなら先物7月限月のオプション満期はもちろん7月であるので、オプション満期をそろえることで、スプレッドリスクを効果的にとることができるからである。

c　商品間スプレッド

　先物マーケットでは、商品間のスプレッドポジションを組むことがある。ICEエクスチェンジにはアラビカコーヒーが上場している。これは普段われわれがコーヒー豆を挽いて飲むときに使われる品種である。このなかには香りが高く高級な品種もある。主に高地での栽培となるためコストがかかる。

　一方でLIFFEエクスチェンジにはロブスタコーヒーが上場している。こ

第6章　オプショントレーディングとは

ちらは苦味が若干強いのでエスプレッソにしたり、アラビカにブレンドし、カフェオレなどに用いたりする。以上のような背景で、マーケットではアラビカコーヒーはロブスタコーヒーよりも高く取引されている。

このスプレッドはもともと異なるマーケットなので需給関係によって広がったり縮んだり毎日変化する。たとえば、アラビカとロブスタをブレンドして使用している実需家は、アラビカコーヒーが安くなればそちらを買い、また高くなればロブスタのブレンド比率を高めたりしながら彼らの製造コストを調整する。そのため、このスプレッドは基本的には、ある一定の範囲を動く。そこでそのスプレッドのとる範囲を過去データなどで分析し、たとえばアラビカコーヒーの価格が高騰し、その範囲から外れた場合にアラビカを売りロブスタを買うというようなスプレッドポジションを構築する。特に、高値が続くと代替物に自然に需要が移り価格が調整される性質があるので、このスプレッドも次第にもともとの範囲に戻っていく。

もっとも、われわれは需要が減るまでの時間やどの程度まで時価評価の損失を許容できるかなどを考慮し、ポジションを構築しなければならない。ポジションに入るタイミングや価格、またその大きさを誤るとロスカットのリミットに抵触し損失を確定させなければならなくなるからである。

このように需給がシフトしやすい商品間のスプレッドは、農産品ではコーンと小麦などがある。また大豆とコーンなど需給が一方にシフトするのではなく、作付けする場合にどちらを作付けするかで競合関係にあるスプレッドもある。

コンディショナルスプレッドとは、商品間のスプレッドやカレンダーのスプレッドポジションをとるときに、オプションの売りと買いの組合せを用いる戦略である。ここでは相場観に基づくトレーディングで述べた小麦とコーンのスプレッドを例にとり説明してみる。小麦は主に主食用であるので、過去データによればコーンよりも平均的に100セント高い価格で取引されている。しかし、まれに天候が悪化しコーンの生産量が減りその価格が一時的に

跳ね上がり、価格差が逆転するときがある。いまこのような状況になったとして、以下を仮定する。

```
小麦価格    650    3カ月オプション    インプライドボラティリティ    30％
コーン価格   650    3カ月オプション    インプライドボラティリティ    40％
```

　この場合、小麦のコールオプションを購入し同時にコーンのコールオプションを売却するという戦略が有効である。行使価格は小麦、コーンともアウトオブザマネーの水準である700セントに設定する。マーケットは先物価格については小麦もコーンも同じであるが、インプライドボラティリティはコーンが小麦よりも高くなっている。

　コーンが主導で価格差が変化した場合、このようにインプライドボラティリティに差がつくことがある。ここで小麦とコーンの700セントコールの価格はそれぞれ20セントと32セントになっているので、このコールオプションの売りと買いの組合せを実行すればプレミアムとして12セントの受取りになる。

　小麦が相対的に安い場合、小麦がコーンのかわりに使用されることがある。そのような行動をとる需要家が現れると小麦の価格がここから750セントまで上昇し、もともとのスプレッドの100セントまで戻る可能性もある。その場合小麦のコールのみがインザマネーになり、収益は50セントと12セント分のプレミアムになる。

　3カ月間マーケットにあまり変化がなく、それぞれの先物価格が700セント以下に止まれば、両方のコールともアウトオブザマネーのまま満期になり、はじめに受け取った12セントが収益となる。この戦略は商品間のコールスプレッドであるので、相場がともに変わらずか下がった場合はプレミアム分が収益になる仕組みである。

　逆に、コーンがさらに値上がり続け、価格が700セントになったとする

と、スプレッドとしては50セント逆転した状態になる。しかし、まだ収益として12セント分は残る。もし先物でスプレッドを組んでいれば、50セントすべて損失となることと比較すればかなりリスクは少なく、よい戦略であることがわかる。

　逆に、小麦のインプライドボラティリティが高い場合には、小麦のプットオプションを売却、コーンのプットオプションを購入し、行使価格をそれぞれアウトオブザマネーの水準で、たとえば600セントに設定する。さきほどのコールスプレッドとは反対のプットスプレッドで組むことになる。この場合は、相場がともに上昇するとオプションアウトがオブザマネーになりプレミアムの受取りで終了する。また、このケースでも仮に小麦が下がりコーンが変わらず50セント逆鞘になっても、プレミアムの受取りで終了することができる。

　このようにインプライドボラティリティに差が生じたとき、コンディショナルスプレッドは通常よりも有利な戦略をとることができる。

d　シーズナリティを活用したオプションセリング戦略

　1章から最終章までさまざまなオプション理論、取引をみてきたが、最後に紹介する戦略はオプション取引のなかでも最もシンプルなものである。セリングオプション戦略は、ある周期でマーケットが同じような動きをすることを利用し、さらにアウトオブザマネーのオプションを売却することで勝率を高め収益をあげる戦略である。リターンは限定的であるが、確実性のある戦略である。最も顕著に周期性が現れるのが農産品のマーケットである。これは明らかに作付け期、生育期、収穫期、閑散期と毎年はっきりとそれぞれの期に特有の価格の動きがあるからである。過去データの分析を行えば価格の値動きに傾向を見つけることができる。

　シカゴ大豆を例にとって説明する。まず、過去データの分析方法であるが、その年によって価格の絶対水準が異なるので単純に比較するのはむずか

しい。そこで、一つの方法であるが、年初からの変化率のチャートを過去数年分から10年程度用意し、そこでどの程度まで上昇しうるのか、あるいは下落する可能性があるのかをみる。

　仮に、過去データの分析で年初から２月までは10％程度の下落しかないというような傾向がみられれば、何かしらのシーズナリティがあると推測できる。実際は米国産の大豆は11月には収穫が終わり豊作になると、その後次第に売られていく傾向があるが、１月、２月になると南米での大豆生産が始まる。ここで必ずといってよいほど天候不安がマーケットの話題になり、価格は反発する傾向にある。このように背景まで調べある程度下値が固いという見込みが立てばオプションを売る戦略をとることができる。

　次に、実際にオプションを売却するのだが、売るオプションはデルタが５％程度のアウトオブザマネーのものにする。このときにロスカットポイントはあらかじめ決めておかなければならない。たとえば、７セントのプレミアムのオプションを売却した場合は、その２倍の14セントに時価が到達したら損失を確定させる。または原資産の先物価格があるレベルまで到達した場合に損失確定させるという決め方でもよい。いずれの場合も３章で導入したシナリオを用意しておく必要がある。横軸に時間、縦軸は先物価格、インプライドボラティリティは一定という仮定で計算しておく。シナリオがあれば先物がいくらになればオプション価格が損失確定の２倍になるかの見通しが立つからである。

　また、ロスカット限度に余裕がある場合はロール戦略をとることができる。これはたとえば７セントで1,200プットを売却し、もし意図とは逆にマーケットが動きオプションプレミアムが２倍まで到達したとき、そのオプションをロールすることである。

　ロールとは、1,200プットを買い戻すと同時にさらにその下の行使価格のプットオプションでプレミアムが７セントになるものを２倍の量を売ることである。このロールをすると行使価格が下がり行使される確率は下がる。さ

らに2倍売ることで、ロールの際損失確定させるために支払った1,200プットのプレミアム分を回収し、当初のリターンを期待することができる。もちろん、さらに先物が売られロールで売ったプットオプションがインザマネーに近づけば繰り返しロールすることはできるが、そこまで先物価格が下落するのは、そもそもシーズナリティ以上に別の要因が働いている状況であることが多い。したがってロールは1回としておくべきであろう。

　このオプションセリングの手法のポイントは、5％程度のアウトオブザマネーのものを売却することにある。当然マーケットであるので、いろいろなニュースや大口参加者の動向によって価格は途中意図しない方向に動くことが多い。先物を単純に買い持ちしている場合はこのようなマーケットのノイズで簡単にロスカットになることが多い。しかし、5％程度のアウトオブザマネーのオプションに対するプレミアムは、デルタが5％しかないのでこのようなマーケットの多少のブレであればあまり変化しない。ロスカットポイントに到達するまでは相当の余裕があり、長期にわたってポジションを保有できるのがこの戦略の最大のメリットになる。

　また、このオプションのシナリオを計算すれば確認できることであるが、オプションを売却することによって時間の経過とともに次第にプレミアムは安くなっていく。したがって、ロスカットポイントに到達する先物のレベルが時間の経過とともに遠ざかっていくことも先物の単独の買いより優れている点である。

【参考文献】

1. ジョン ハル著 三菱UFJ証券市場商品本部訳 『フィナンシャルエンジニアリング<第5版>』
2. Patrick S. Hagan, Deep Kumar, Andrew S. Lesniewski, and Diana E. Woodward Managing Smile Risk Wilmott magazine, September 2002
3. James Cordier, Michael Gross "The Complete Guide to Option Selling, Second Edition"
4. CME Group Home Page http://www.cmegroup.com/
5. 大阪取引所ホームページ http://www.ose.or.jp/

【著者略歴】

小森　晶（こもり・あきら）
新生銀行　市場営業本部市場金融部。
東京大学大学院数理科学研究科修士課程修了後JPモルガン、ドイツ証券、RBS証券等金融機関で円金利オプションのトレーディングを行うが、さらなるトレーディング技術追求のため商社へ転籍。よりダイナミックな農産品オプションのトレーディング経験後、二度目の金利トレーダーを経て、現在は日経オプショントレーダーとなる。

トレーダーは知っている
―オプション取引で損をしない「法則」―

平成26年10月20日　第1刷発行
平成28年7月15日　第2刷発行

著　者　小森　晶
発　行　者　加藤　一浩
印　刷　所　株式会社太平印刷社

〒160-8520　東京都新宿区南元町19
発行所・販売　株式会社 きんざい
編 集 部　TEL 03（3355）1770　FAX 03（3357）7416
販売受付　TEL 03（3358）2891　FAX 03（3358）0037
URL http://www.kinzai.jp/

・本書の内容の一部あるいは全部を無断で複写・複製・転訳載すること、および磁気または光記録媒体、コンピュータネットワーク上等へ入力することは、法律で認められた場合を除き、著作者および出版社の権利の侵害となります。
・落丁・乱丁本はお取替えいたします。定価はカバーに表示してあります。

ISBN978-4-322-12568-9